아무도 알려주지 않은

서버 가상화의 핵심법칙 80

아무도 알려주지 않은

서버 가상화의 핵심법칙 80

SERVER VIRTUALIZATION

2014년 11월 01일 초판 1쇄 인쇄
2014년 11월 07일 초판 1쇄 발행

지은이 : 고범석
펴낸이 : 최정식
기획, 진행 : 인포더북스 출판기획팀

펴낸곳 : 미디어그룹 인포더(www.infothebooks.com)
주 소 : (121-708) 서울시 마포구 마포동 33-1 신한디엠빌딩 13층
전 화 : (02) 719-6931
팩 스 : (02) 715-8245
등 록 : 1998년 12월 24일 제10-1691호

표지 · 내지 디자인 : 정연희

정가 18,000 원
ISBN 978-89-94567-39-6 (03000)

아무도 알려주지 않은

서버 가상화의 핵심법칙 80

SERVER VIRTUALIZATION

머리말

과거 10여 년 전의 인터넷 중심의 시대와는 달리, 스마트폰이 대세가 된 모바일 시대의 요즘에는 기업의 인프라는 점점 다양해지고 복잡해지고 있습니다. 그에 따른 기업이 운영하는 인프라에 대해 낮은 비용과 높은 안정성에 대한 요구는 어느새 가볍게 여길 수 없는 이슈가 되었습니다.

그러다 보니 자연스럽게 IT 관리자 및 엔지니어들에게 가상화에 대한 관심은 선택할 수 있는 옵션이 아니라 반드시 고려하고 검토해야 하는 필수사항이 되었습니다.

이 책은 가상화를 어디서 어떻게 접근해야 하는지, 그리고 기업의 입장에서 가상화를 어떻게 도입해야 성공할 수 있는지, 가상화 도입 후에는 무엇을 고민하고 어떻게 유지해야 하는지를 다루고 있는 책입니다.

따라서 시스템 설계 및 운영을 담당하는 시스템 엔지니어와 관리자, 기획자, IT 컨설턴트 등에게 많은 도움이 될 것입니다. 이들이 바로 기업의 IT 환경을 개선하고 성능을 안정적으로 유지 및 향상시켜는 주역들로써, 이들에 의해서 기업의 IT 환경이 개선되기도 하고, 비용이 절감되기 때문입니다. 그렇다고 이 책은 결코 엔지니어만을 위해 작성된 책이 아닙니다. 기업의 IT 환경에 대해 책임지고 가상화에 대해 결정을 내리는 비즈니스 결정 책임자들도 읽을 수 있도록 작성되었습니다.

기업의 IT는 단순히 하드웨어와 소프트웨어가 좋으면 비용절감이 되거나 성능이 향상되는 것이 아닙니다. 실제 업무를 수행하는 IT 엔지니어, 관리자 등 현업의 담당자의 지식과 경험이 업그레이드되기 때문에 비용절감과 성능이 향상되는 것입니다.

이 책이 단순한 정보를 전달하는 역할을 하기 보다는 기업의 IT 환경을 개선 및 향상시키는데 있어서 올바른 결정을 내릴 수 있는 지식을 전달할 수 있는 역할을 할 수 있기를 희망합니다.

마지막으로, 이 책이 나오기까지 애써 주신 인포더북스의 편집팀과 저에게 많은 인생의 교훈을 남겨주신 부모님께 감사를 드립니다.

2014년 도쿄에서 고범석

차례

Chapter 03 가상화 도입 계획과 준비의 핵심법칙 7

Chapter 04 호스트 설계의 핵심법칙 11

Chapter 05 네트워크 설계의 핵심법칙 6

Chapter 6 스토리지 설계의 핵심법칙 7

Chapter 7 가상 머신 설계의 핵심법칙 7

Chapter 8 가상화 보안의 핵심법칙 9

Chapter 9 감시와 용량 계획의 핵심법칙 5

Chapter 10 가상화 시스템 운영 계획의 핵심법칙 8

Chapter 1

가상화의 이해

서버가상화를 도입해야하는 이유

Project

가상화를 통한 기업 내의 인프라 재정비는 비용 절감뿐만 아니라 시스템의 낮은 리소스의 활용률을 증가시키고, 필요 시 시스템의 확장에 필요한 리소스의 추가 또는 시스템의 배포 시간을 단축시킬 수 있다

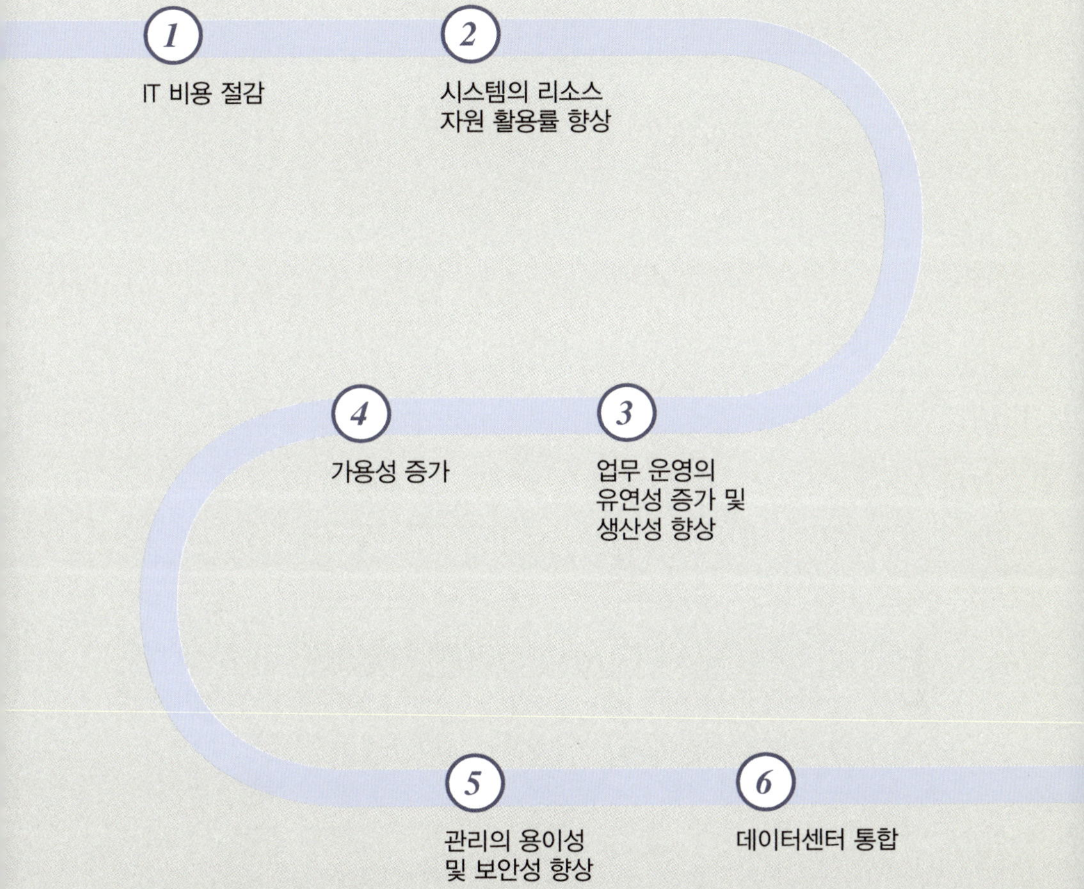
1
IT 비용 절감
2
시스템의 리소스
자원 활용률 향상
3
업무 운영의
유연성 증가 및
생산성 향상
4
가용성 증가
5
관리의 용이성
및 보안성 향상
6
데이터센터 통합

“

몇 년 전부터 IT 동향動向이나 뉴스에 서버 가상화Sever Virtualization나 클라우드Cloud라는 용어가 자주 등장하고 있다. 비단 용어뿐만 아니라 가상화와 관련된 하드웨어와 소프트웨어 등의 제품들이 시장에 소개되고 있으며, 그 종류 또한 매우 다양하다. 이처럼 IT 동향의 중심으로 자리잡은 가상화 기술은 어느 순간 갑자기 나타난 신기술은 아니다. x86플랫폼Platform 상에서의 서버 가상화 역사는 10년이 넘었다. 가상화를 한 번이라도 도입한 경험이 있는 기업이나 관리자들은 가상화 기술 없이 물리적인 서버 환경으로 인프라를 운영하는 것은 스마트 폰을 사용하다가 호출기를 사용하는 것과 같은 것이라고 이야기할 만큼 중요한 기술로 자리잡았다. 그만큼 서버 가상화는 지금까지의 시스템 운영 법칙을 깨뜨렸으며, IT 조직이나 기업에게도 많은 혜택을 가져다 주었다. 만약 지금 이 순간도 서버 가상화 도입을 망설이고 있다면, 지금 바로 가상화를 위한 전략을 수립하고 팀을 꾸려 가상화의 도입을 검토할 것을 권한다.

”

SERVER VIRTUALIZATION

가상화란 무엇인가

위키피디아 Wikipedia에서는 가상화에 대해 다음과 같이 정의한다.

> 가상화란 하나의 물리적 시스템에서 단일 운영체제와 애플리케이션을 실행하도록 설계되어 있는 시스템에서 탈피하여 하나의 물리적 컴퓨터에서 사용하는 물리적 리소스Resource를 여러 가상 머신Virtual Machine이 공통으로 사용하게 하는 기술을 말한다.

가상화는 서버 가상화, 애플리케이션Application 가상화, 데스크톱 Desktop 가상화, 스토리지Storage 가상화 등 여러 분야에 걸쳐 존재하지만, 일반적으로는 서버 가상화를 말한다. 이 책에서는 가상화 중에서도 서버 가상화를 중심으로 다룬다.

가상화는 최근에 등장한 새로운 기술이 아니라 이미 50여 년 전부터 시작된 기술이다. 1960년대 후반에 메인프레임Mainframe의 가상 메모리Virtual Memory에서 시작되어 그 후 애플리케이션 가상화, CPU 가상화, 스토리지 가상화 등 각 레이어Layer 별로 발전해 왔다. 가상화 기술은 1960년대 후반부터 실용화되어 현재도 계속 발전하고 있는, 오랜 역사를 가진 기술이다. 이처럼 오랜 역사를 가진 기술이 왜 지금에 와서 주목을 받게 되는 것일까? 이 질문에 대한 답으로는 여러 가지가 있겠지만, 현재 기업이 운영하고 있는 IT 시스템과 인프라 환경을 생각해보면 서버 가상화 기술이 왜 주목을 받고 있는지 자연스럽게 이해할 수 있을 것이다.

SERVER VIRTUALIZATION

왜 가상화를 도입해야 하는가

가상화를 도입한 기업들을 살펴보면, 중소 인프라 환경의 기업보다는 대규모 Enterprise 환경의 기업이 가상화에 더 많은 관심을 갖고 적극적으로 도입하는 것을 알 수 있다. 가상화를 도입하는 기업들은 여러 측면에서 가상화 도입을 검토한다. 가상화를 도입한 기업 대부분은 기존 IT 인프라의 활용도 및 시스템의 리소스 활용률을 높이고 시스템을 신속하게 배포해야 하는 업무 환경에서 서버 가상화 도입이 이루어진다. 이 때 기업은 업무의 유연성 향상과 비용 절감 효과도 기대한다.

SERVER VIRTUALIZATION

IT 비용 절감

기업이 가상화를 도입하는 가장 큰 이유로는 IT 비용 절감을 꼽을 수 있다. 대부분의 기업은 매년 부담이 증가하는 IT 인프라의 시스템 운영 및 관리 비용 문제를 해결하기 위해 고민한다. 이 때 기업 내부에서는 IT비용을 절감하기 위한 서버 가상화의 도입을 고려한다. 가상화를 도입함으로써 IT 인프라 환경을 구성하는 서버 및 관련 IT 하드웨어의 수가 현저히 적어지고 데이터센터의 공간이 절약되며, 이는 데이터센터의 전력 비용 절감으로 이어지게 된다. 뿐만 아니라 시스템 관리자 한 명 당 서버 관리 비율을 높여 기업 내 필요한 시스템 관리자의 수도 줄일 수 있다. 또 외부 서비스 제공자 또는 벤더Vendor[1] 와 보수 서비스 계약을 맺은 상태라면 물리적인 서버의 수가 줄어 이에 대한 비용도 함께 절감할 수 있다. 즉, 가상화를 통해 IT 관리 비용을 최대 50%까지 절감할 수 있는 것이다. 이처럼 IT 비용 절감은 경영진이나 사업 결정권자들에게 가상화를 반드시 도입해야 하는 이유가 된다.

1) 벤더(Vendor) : 컴퓨터 시스템의 하드웨어나 소프트웨어 제품을 사용자에게 판매하였을 때 그 제품의 브랜드에 대해 책임을 지는 기업. 벤더는 제조업체일 수도 있고, 판매 회사일 수도 있다.

SERVER VIRTUALIZATION

시스템의 리소스 자원 활용률 향상

기업이 기존에 운영하던 물리 환경의 시스템을 조사해보면 대부분 낮은 자원이나 오버 스펙Over Specification으로 시스템을 운영한다. 이는 시스템의 신속한 확장이 불가능하기 때문에 용량이나 사양 등 성능에 문제가 발생할 경우를 대비하여 시스템 도입 초기부터 시스템에 충분한 여유를 두기 때문이다. 즉 대부분의 기업이 시스템을 도입할 때 정확한 사이징Sizing을 토대로 시스템을 도입하기 보다는 OS 및 애플리케이션의 설치 사양을 권장 사양보다 높게 책정하여 도입한다. 이때 서버 가상화를 도입하면 기존의 '애플리케이션 1 : 서버 1'이라는 운영 모델의 공식을 탈피 하여 서버 통합을 유도함으로써 리소스 활용률을 높일 수 있다.

SERVER VIRTUALIZATION

업무 운영의 유연성 증가 및 생산성 향상

비즈니스 환경은 빠르게 변화하고 있다. 기업 내 IT 업무 환경 또한 비즈니스의 요구 사항과 변화에 맞춰 신속하게 대응해야 한다. 새로운 시스템을 도입하려면 하드웨어 선정, 발주, 검수, 설치, 테스트, 개발, 도입 등 여러 단계를 거치는데, 이때 하드웨어 수령만으로도 최소 한 달이 소요된다. 하지만 가상화를 도입하면 단 몇 시간 만에 하드웨어의 준비와 설치가 완료되어 현업 부서의 여러가지 요구사항에 신속하고 유연하게 대처할 수 있다. 뿐만 아니라 최소 2일이 소요되던 새로운 시스템 배포 작업이 2~4시간 안으로 완료되는 등 단순 반복 시스템의 관리 업무 시간이 크게 줄어 좀 더 생산적인 일에 더 많은 시간을 할애할 수 있다.

SERVER VIRTUALIZATION

가용성 증가

가상화를 도입하는데 어떻게 가용성이 증가하는가? 오히려 가용성이 떨어지는 건 아닌가? 라는 의문을 가질 수 있다. 이것은 가상화 시스템을 어떻게 설계하느냐에 따라 기존 IT 인프라의 가용성 레벨을 유지하거나 향상시킬 수 있다. 때문에 가상화를 도입하면 무조건 가용성이 증가한다고 말하기는 어렵다. 하지만 가상화 도입 전과 후의 하드웨어의 장애 발생률을 기준으로 기존 IT 인프라 환경과 가상화 환경에서 운영할 때를 비교하면, 가상화 환경에서 하드웨어의 고장 발생률이 현격히 감소하여 가용성이 증가한다.

단순히 하드웨어의 가용성이 증가한 것이지만, IT 환경에서 하드웨어의 장애 및 가용성은 큰 비중을 차지하므로 매우 의미가 크다. 이처럼 대부분의 장애는 하드웨어 장애와 운영자의 조작의 실수 등으로 발생한다.

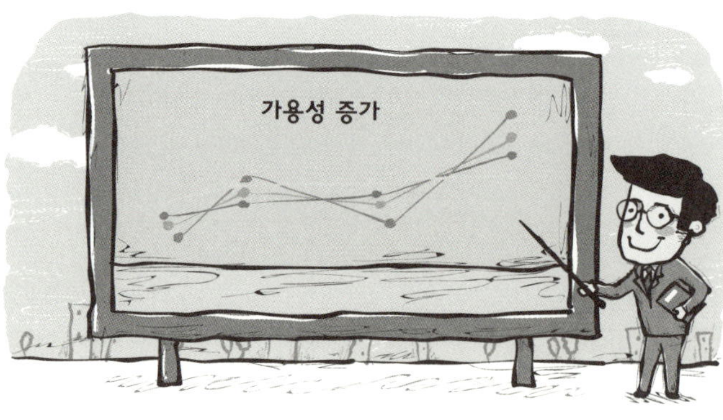

SERVER VIRTUALIZATION

관리의 용이성 및 보안성 향상

가상화 관리서버는 중앙 관리서버로, 모든 장치 및 기기를 온라인과 오프라인으로 연결한다. 그래서 시스템 관리자는 사무실(본사 또는 지점) 근무 또는 재택 근무를 하거나 출장 중일 때에도 인터넷에만 연결하면 어디에서든 원격으로 중앙관리 서버에 접속하여 시스템을 관리할 수 있다. 이때 SSL VPN(Secure Sockets Layer Virtual Private Network, SSL 기반의 가상 사설망)이나 SSO(Single Sign-On) 등과 연동하여 보안을 강화하면 더욱 안전하게 중앙관리 서버에 접속할 수 있다.

SERVER VIRTUALIZATION

데이터센터의 통합

비즈니스가 확대되고 성장함에 따라 기업 내 IT 인프라도 확장되며, 이는 곧 데이터센터의 확장으로 연결된다. 이때 점점 늘어나는 IT 운영 비용 때문에 데이터센터를 축소하거나 분산된 데이터센터를 통합하기도 한다. 가상화를 통한 데이터센터의 통합은 기존 대비 전력 사용량을 50%이상 감소시킬 수 있으며, 상면The Upper Side, 上面 공간을 효율적으로 사용함으로써 그린 데이터센터를 구축할 기반을 마련할 수 있다.

이제 막 가상화를 도입하려는 기업의 입장에서는 '가상화를 도입하면 앞에서 설명한 혜택과 효과를 정말 누릴 수 있을까?'라는 의문을 가질 수도 있을 것이다. 이에 대한 답변을 먼저 하면 '그렇다.'고 할 수 있다. 필자는 기존의 물리적인 시스템을 운영하는 것보다 가상화를 도입하여 운영하는 것이 이점이 많다고 자신 있게 말할 수 있다.

한편 가상화 도입 후 기업이 누리는 혜택은 기업의 인프라 환경과 가상화 설계 방법에 따라 빠르거나 느리게 체감할 수 있다. 보통 1~2년 후에 직접적으로 효과를 체감하는데, 가상화 설계를 완료하고 약 1년 안에 그 효과를 인지하면 빠르다고 이야기 한다. 그렇기 때문에 가상화 설계 방법은 단순히 시스템을 안정적으로 운영하기 위한 엔지니어링 측면뿐만 아니라 비즈니스 측면에서도 매우 중요하다. 그러므로 반드시 여러 측면을 고려하여 가상화 설계 및 도입을 권장한다.

그러나 무조건 높은 비용을 지불한 가상화 설계가 최고의 가상화 설계는 아니다. 최고의 가상화 설계란 가상화를 도입하려는 기업의 환경에 가장 적합한 설계를 하는 것이다.

SERVER VIRTUALIZATION

가상화 시장동향

서버의 아키텍처Architecture 시장은 1960년대의 메인 프레임, 1980년대의 클라이언트 서버 모델Client Server Model을 거쳐 1980년대 이후에는 Web 애플리케이션이 중심을 차지했으며, 2000년대 이후 현재는 인터넷의 보급 및 발달과 함께 데이터센터의 가상화와 클라우드로 변화하고 있다.

가상화 소프트웨어 벤더Software Vender들은 최근 IT 업계의 동향인 비용 절감을 위한 기업 내의 인프라 재정비와 차세대 인프라 환경을 위한 클라우드 컴퓨팅 환경 구축에 따라 가상화 시장을 공략하고 있다.

가상화를 통한 기업 내의 인프라 재정비는 비용 절감뿐만 아니라 시스템의 낮은 리소스의 활용률을 증가시키고, 필요 시 시스템의 확장에 필요한 리소스의 추가 또는 시스템의 배포 시간을 단축시킬 수 있다는 장점 등을 제공한다. 또 사설 클라우드와 공용 클라우드 환경을 위한 클라우드 컴퓨터 환경의 기본 인프라 환경을 구축할 수 있는 점은 기업들에게 상당히 매력적인 점이다. 이제 가상화는 점점 발전하여 반드시 도입해야 하는 기업 내 핵심 IT 프로젝트로 자리잡고 있다.

현재 가상화의 소프트웨어 벤더는 VM웨어VMware, 시트릭스Citrix, 마이크로소프트Microsoft, 레드햇Red Hat, 오라클Oracle, 패럴렐스Parallels 등이 있으며, VM웨어, 시트릭스, 마이크로소프트의 3대 벤더가 서버 가상화 시장을 독점하고 있다. 이 중에서 VM웨어는 높은 점유율과 기술력을 바탕으로 서버 가상화 시장의 리더 역할을 하고 있으며, 최근 시트릭스와 마이크로소프트가 시장 점유율을 확대하는 추세이다. 그러나 아직까지는 VM웨어가 가상화 시장에서 전세계적으로 70% 이상을 차지하는 높은 점유율을 보유하고 있으며, 향후 몇 년간 이 상태가 유지될 것이라 예상한다.

※자료출처 (http://en.wikipedia.org/wiki/Cisco_Unified_Computing_System)

[그림 1.1] 시스코의 UCS

서버 가상화와 클라우드의 영향으로 하드웨어 제조사들도 가상화와 클라우드에 연관된 제품들을 몇 년 전부터 시장에 출시하고 있다. 이들 중 네트워크 장비 전문 기업인 시스코Cisco는 지난 2009년 기존 서버와는 달리 스토리지와 네트워크를 서버와 통합하는 새로운 아키텍처로써 데이터센터의 가상화를 전제로 하는 새로운 서버의 모델인 UCS(Unified Computing System) 모델명의 시스템을 시장에 출시하였으며, 현재 가상화 서버 시장에서 시장 점유율 1, 2위를 다투는 등 두각을 드러내고 있다.

시스코는 시장에 UCS를 출시하면서 스토리지 전문 기업인 이엠시EMC와 협력하여 VCE(VM웨어, 시스코, 이엠시) 연합을 구성하였다. VCE 는 'vBlock'이라는 통합 솔루션을 제공하여 가상화에 필요한 스토리지, 가상화 서버, 소프트웨어를 통합 구매할 수 있도록 했다.

2010년에는 스토리지 전문 기업인 이엠시 대신 넷앱NetApp과 협력하여 'FlexPod'라는 통합 솔루션을 출시했다. 이처럼 서버 가상화 시장에서 시스코는 이엠시, 넷앱과 같은 스토리지 전문 기업들과 협력하며 고객들에게 시스코의 UCS가 서버 가상화에 가장 적합한 모델이라는 이미지를 구축하며 빠르게 시장을 점유하고 있다.

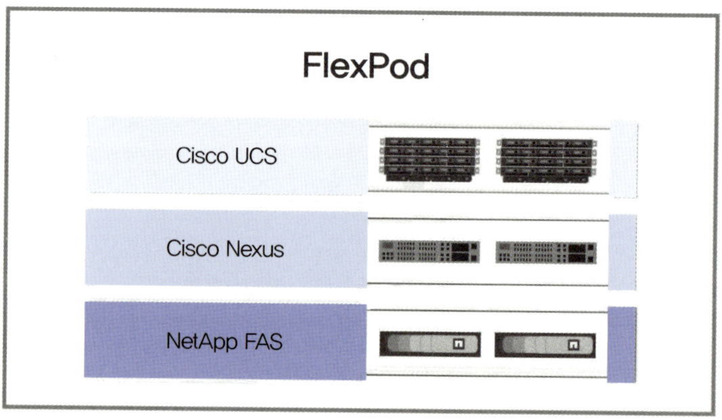

자료출처 (http://i.ytimg.com/vi/bVuA1wnl5dk/maxresdefault.jpg)

[그림 1.2] FlexPod

Chapter 2

가상화 설계의 기본법칙 20

가상화 설계의 기본법칙 20

Project

1 적절하게 투자하라

2 SPOF(Single Point of Failure)를 제거하라

9 확장성을 고려하라

10 안정적인 솔루션 및 하드웨어를 선택하라

11 외부 자원을 잘 이용하라 (–전문가의 이야기에 집중하라)

12 가상화 대상 서버와 비가상화 대상 서버를 구분하라

13 서버의 중요도를 구분하여 단계적으로 접근하라

14 시스템의 이력을 확인하라

이 법칙들은 서버 가상화의 비용을 절감하고 보다 안정적으로 시스템을 도입하고 설계할 수 있도록 해, 성공적인 서버 가상화 시스템을 운영할 수 있도록 한다

3 서버를 통합하거나 분산하라

4 모든 것을 문서화하라

5 수준에 맞는 서비스 계약을 체결하라

6 먼저 계획을 세워라

7 모든 것을 테스트하라

8 환경을 구분하라

15 기존 인프라를 활용하라

16 백업 계획을 세워라

17 가상화에서의 보안을 생각하라

18 모니터링 및 용량 계획을 세워라

19 서버 가상화 후의 운영 계획을 세워라

20 단순하게 만들어라

가상화 설계의 20가지 기본법칙

“

이 장에서는 서버 가상화를 설계하는데 있어 필요한 기초 법칙에 대해 알아볼 것이다. 이 법칙들은 특정 벤더의 가상화 솔루션에만 해당하는 것이 아니라 서버 가상화를 진행하는 대부분의 가상화 환경에 적용 가능한 것이며, 특별한 기술적인 법칙은 아니다. 그러나 이 법칙들은 서버 가상화를 도입 또는 설계하는 사람들이 비용을 절감하고 보다 안정적으로 서버 가상화를 도입 및 설계할 수 있도록 하여 성공적인 서버 가상화 시스템을 운영할 수 있도록 한다. 지금부터 언급되는 법칙들은 필자가 지금까지 대규모 환경에서 가상화 프로젝트를 진행하면서 경험한 것으로, 이 법칙을 잘 숙지한다면 여러분들의 가상화 서버 설계를 반드시 성공으로 이끌 것이다.

”

Rule 1
적절하게 투자하라

가상화뿐만 아니라 인프라의 설계 및 운영에는 투자가 반드시 필요하다. 회사마다 규모가 다르지만 투자를 결정하는 방법이나 원칙은 대부분 비슷할 것이다. 가상화를 도입하려면 적지 않은 투자가 필요하며, IT 컨설턴트 및 기획 담당자들은 원하는 프로젝트를 진행하기 위해 경영진의 승인을 받기 위한 자료를 작성하고 설득해야 한다. 어쩌면 이 부분이 가장 어려운 부분일 수도 있다. 투자가 있어야 가상화를 시작할 수 있기 때문이다. 대규모 환경일수록 경영진으로부터 승인을 얻어내기까지 시간이 오래 걸리고 힘들다.

가상화 설계가 기존의 인프라 개선이라기 보다 재배치에 더 가깝기 때문에 높은 투자비용이 승인된 가상화 설계는 그 품질과 직결된다. 그래서 여러분은 가상화 설계에 필요한 각 구성요소와 시스템 구성, 설계 및 공정에 따른 비용에 대해 설명해야 한다.

가상화 서버에 계획 당시의 예산보다 적은 비용이 투자된다면 안정적인 가상화 설계 및 성능은 기대할 수 없다. 가상화 투자 비용을 절감하기 위해 여러 측면에서 불필요하거나 과도하게 투자된 부분을 절감하는 것을 바람직하지만, 무턱대고 비용을 절감하는 경우 가상화 서버의 높은 효과를 기대할 수 없음을 잘 생각해야 한다. 그렇다고 높은 투자 비용이 반드시 성공적인 가상화 서버 설계를 의미하는 것은 아니다. 필요 이상으로 높은 투자 비용이 투입되는 경우, 정작 투자가 필요할 때 경영진으로부터 승인 받지 못해 어려움을 겪을 수 있다. 이는 시스템 운영 시 잠재적인 위험요소로 작용한다.

성공적인 가상화 설계 투자란 적합한 항목에 적절한 비용이 투자되는 것을 뜻한다. 적합한 항목에 적절한 비용을 투자하려면 가상화 설계 시 여러 항목들 중 투자 비용에 대비한 효과 및 성능을 고려하여 각 항목의 우선순위를 정해야 한다. 가상화 설계 담당자는 이 과정을 통해 결정된 우선순위에 따라 비용을 투자하며 실현하면 된다. 실현하는 과정 속에서도 가상화 도입 전에 반드시 가상화 도입에 따른 TCO와 ROI를 분석하여 바람직하지 않은 비용 지출은 없는지 확인하고, 가상화 도입에 따른 시스템 가동시간을 늘이거나 하드웨어 장애 및 고장이 발생했을 때 수리 시간을 단축하기 위해 하드웨어나 엔지니어들에게 투자한 비용이 어떻게 돌아오고 있는지 생각해봐야 한다.

KEY POINT

성공적인 가상화 설계 투자를 하려면

- 적합한 항목에 적절한 비용 투자
- 각 항목의 우선순위 결정

Rule2

SPOF를 제거하라

SPOF(Single Point of Failure, 단일 고장점)란 시스템 구성요소 중에서 동작하지 않으면 전체 시스템이 중단되는 요소를 말한다. 단일 부품으로 구성된 시스템에서 고장이나 장애가 발생하면 전체 시스템이 다운되므로 가상화 설계 시 SPOF 가능성이 있는 부분을 반드시 시스템 이중화 구성하여 전체 시스템이 다운되는 것을 막아야 한다. SPOF 위험을 방지하려면 디스크부터, 시스템, 애플리케이션, 네트워크를 포함한 전 부분에 걸쳐 사용자들에게 서비스되는 전체 흐름을 살펴보고 전체 장애로 발전할 수 있는 SPOF를 제거해야 한다. 이때 가능하다면 내부 시스템 및 인프라뿐만 아니라 데이터센터 위치, 데이터센터 내의 전력 구성 및 UPS, 인터넷 서비스 제공자, 외부 DNS 등의 외부 서비스 등도 함께 고려해야 한다.

Rule3 모든 것을 문서화하라

정확하고 자세하게 작성된 문서의 중요성은 아무리 강조해도 지나치지 않다. 문서는 끝난 일에 대해 그 수행 과정을 볼 수 있도록 하며, 미래의 시스템 관리자를 위한 가이드 역할을 한다. 또한 그들은 해당 문서를 보고 자신이 관리하지 않았을 때의 시스템을 넘겨받을 수 있으며, 관리자와 경영진에게 업무 성취도를 제공한다. 좋은 문서는 자신의 일을 돌아볼 때도 편리하게 쓰이며, 문제 해결에도 도움을 준다.

문서를 작성할 때는 가능한 자세히 기록하고, 스크린 캡처하여 작성하는 것이 좋다. 문서는 작업에 대한 계획서, 매뉴얼, 문제 해결 가이드, 구성 변경 가이드 등 새로운 시스템 관리자가 업무를 업로드할 때 필요한 사항을 적어 놓는 것을 말한다. 문서는 파일로 저장만 하지 말고 반드시 출력하여 관리하는 방법을 권한다. 문서 파일을 컴퓨터에 저장만 한 경우, 컴퓨터가 고장 났을 때 문서 파일을 확인할 수 있는 방법이 없으므로 문서는 반드시 종이로 출력하여 보관하는 것이 좋다.

TIP

문서를 작성할 때 한 가지 잊지 말아야 할 것은 문서 파일의 버전 관리와 꾸준한 업데이트이다. 대부분 문서를 작성하고 문서의 정보를 업데이트하지 않거나, 버전 관리를 하지 않아 나중에 해당 문서가 필요할 때 올바른 정보가 기록되어 있지 않을 수 있다. 이 때 잘 만들어 놓은 문서가 한 순간 그저 연습장이 되어 버리는 일이 없도록 문서 파일의 버전 관리와 업데이트는 매우 중요하다.

Rule 4

수준에 맞는 서비스 계약을 체결하라

직접 재앙을 겪기 전까지는 대부분의 회사들이 IT 서비스 제공자와 계약을 맺는 것에 대한 필요성을 잘 느끼지 못할 뿐만 아니라 서비스 수준보다는 비용에 더 초점을 맞춰 서비스 계약을 맺으려 한다. 적절한 수준의 서비스 계약을 맺기 위해서는 반드시 다음 요소에 대한 사전 검토가 이루어져야 한다.

- **가용성의 수준 및 서비스 시간**

  가용성의 시간을 얼마나 향상시킬 수 있는가?
- **대상 지역**

  서비스를 제공받는데 있어서 지리적인 어려움은 없는가?
- **서비스 제공 항목**

  제공받는 서비스의 내용 및 항목이 충분한가? 부족한 항목이 있거나 불필요한 서비스 항목이 포함되어 있는 것은 아닌가?
- **24시간, 365일의 서비스 제공 시간**

  문제 해결을 위해 24시간, 365일 서비스를 제공받을 수 있는가?
- **서비스 계약 외 규정**

  계약이 제대로 수행되지 않을 경우 어떻게 보상하겠는가? 서비스 범위에 없는 문제가 발생했을 경우 어떻게 처리할 것인가?

IT 서비스 제공자와 이를 제공받는 회사간의 서비스 계약은 반드시 충분한 협의 및 협상을 통해 체결되어야 한다. 충분한 협의 및 협상을 거치지 않으면 실제로 제공되기 힘든 수준의 서비스 계약을 하게 되거나, 향후 장애 발생 시 이를 위한 문제 해결보다는 계약 문제로 인한 문제 해결에 더 많은 시간과 노력을 소모하게 된다. 만약 여러분이 가상화 시스템의 구성요소 중에서 단 하나라도 제어할 수 없다면, 여러분은 사용자에게 약속한 서비스를 제공하지 못할 수도 있다. 만약 구성요소가 오작동하거나 고장이 날 경우 누가 그것을 고치겠는가?

Rule5 먼저 계획을 세워라

서버 가상화를 도입하기로 결정한 순간부터 가상화가 완료되기까지의 모든 과정에 대한 계획을 세워야 한다. 서버 가상화의 도입 및 구축 단계는 다음과 같이 구분할 수 있다. 이 단계는 회사나 가상화의 규모에 의해 조금 다를 수가 있지만 크게 차이 나지 않는다.

■ **가상화 계획 및 준비**

이 단계에서는 여러분의 회사 내부에서 가상화 도입을 위한 계획을 세우고 준비하는 단계를 말한다. 해당 업무 활동으로는 내부 IT 인프라에 대한 정보 분석, 가상화 솔루션의 도입 검토, 가상화 예산 편성, 가상화 도입에 따른 TCO/ROI 분석, 가상화 추진 조직의 구성, RFP 작성, 및 외부 서비스 계약 등의 활동이 포함된다.

■ **가상화 설계**

이 단계에서는 내부 IT 인프라에 대한 정보 분석의 결과를 바탕으로 가상화 솔루션의 선정, 가상화 하드웨어 사이징 실시 및 사이징 결과에 따른 검증을 위한 테스트 등의 활동이 포함된다. 충분한 시간을 설정하고 가능한 모든 항목을 점검하는 것이 좋다. 이 단계에서 누락된 항목이 발생하거나 가상화의 클러스터가 잘못 설계될 경우 이를 수정하기 위한 많은 시간과 노력이 소요되니 충분히 시간을 갖고 세밀하게 점검하면서 설계를 하는 것이 좋다.

■ **가상화 도입 및 구축**

실제적으로 가상화를 구축하는 단계에 해당한다. 기존 시스템을 어떤 방식으로 가상화 마이그레이션을 진행하느냐에 따라 가상화 기간, 문제 발생 건수 등에 영향을 미치므로 여러 방법 중 여러분의 환경에 가장 적합한 방법을 선택하여 서비스 다운타임을 최소한으로 가져가는 것이 좋다. 또 가상화 구축 단계에서 크고 작은 문제들이 발생할 수 있으므로 이를 능동적이고 즉각적으로 대처할 수 있도록 가상화 전문 엔지니어와 함께 작업을 하는 것을 권장한다.

■ **가상화 도입 후 종합 테스트 및 튜닝**

이전의 가상화 구축 단계가 모두 완료되면 이제 운영 단계에 접어듦과 동시에 안정화를 위한 조정 기간을 갖는다. 대부분의 가상화 단계에서 한번 가상화가 진행되면 가상 머신의 리소스 및 구성 정보의 변경이 거의 발생하지 않지만, 일부 가상 머신의 경우 초기에 계획된 리소스보다 더 많은 리소스를 필요로 하거나 대량의 리소스가 남는 상황이 발생한다. 이때 가상 머신의 리소스를 조정하여 가상화 시스템이 안정적으로 운영될 수 있도록 한다. 가상화 도입이 완료되었다면 시작 단계에서 가상화 TCO/ROI를 분석한 자료를 바탕으로 다시 한번 RCO/ROI 분석 작업을 준비하고 이를 실시한다. 이 작업을 통해 가상화 초기 계획과 가상화 도입 및 완료 후의 결과를 비교분석하고 가상화 도입 효과에 대한 내부 세미나 및 사례 연구를 실시하여 실무자들의 기술 향상을 도모한다.

Rule 6 서버를 통합하거나 분산하라

서버 가상화가 화제의 중심이 되기 전까지 IT 업계의 동향은 비슷한 목적의 서비스를 제공하는 서버를 통합하거나 분산 처리하는 것이었다. 최근 몇 년간 많은 회사들이 단일 목적으로 운영되는 시스템 및 데이터베이스를 여러 시스템으로 구축하여 운영하는 것보다는 시스템 운영의 효율성과 간편성, 관리 개선의 목적에 따라 통합하여 대용량 시스템으로 구축하고 있다. 반대로 대용량의 데이터베이스 및 시스템의 부하와 서비스의 속도 개선을 위해 하나의 시스템에서 여러 대의 시스템으로 분산하여 구축하기도 하였다.

이처럼 서버 통합 및 분산 시스템 구축 역시 가상화를 설계할 때 고려해야 하는 요소 중 하나이다. 대규모 환경에서 기존에 운영 중인 서버를 가상화 환경으로 마이그레이션을 진행하는 과정에서 시스템을 100% 가상화하는 경우는 드물다. 따라서 가상화를 설계하거나 마이그레이션을 진행할 때, 기존 서버의 리소스 사용량을 분석한 결과를 바탕으로 서버를 통합하거나 분산 처리하는 것이 가상화 환경에서의 운영에 대한 위험을 축소하거나 없애는 방법이다. 이로 인해 시스템 구성의 변화가 발생할 수 있지만, 이는 기존에 안고 있던 시스템 성능의 문제를 개선하는 기회를 제공하기도 한다.

Rule 7
모든 것을 테스트하라

사전 테스트는 새로운 프로그램을 개발할 때만 필요한 것이 아니다. 시스템의 구성 정보가 변경되는 경우가 발생할 때 이에 적용되는 소프트웨어와 하드웨어 역시 테스트해야 한다. 테스트를 할 때에는 현재 사용 중인 환경과 유사하고, 가능한 실제와 동일한 네트워크 및 시스템 구성 환경에서 테스트 하는 것이 가장 좋다.

가상화의 경우 기존 인프라 환경을 새롭게 구축 하는 것인 만큼 사용자 시뮬레이션과 함께 성능 측정에 대한 테스트가 반드시 실시되어야 한다. 테스트 할 때는 OS 레벨부터 하드웨어 및 애플리케이션의 단계까지 전반적인 End-to-End 환경까지 모든 단계를 점검해야 한다. 테스트 시나리오 및 항목은 세밀하고 많을수록 좋으며, 여러 번 반복하여 실시하는 것이 가장 좋다. 여러 번 반복된 테스트를 통해 가상화할 경우 발생할 수 있는 문제점을 확인하고 수정할 수 있다. 또한 테스트 횟수를 거듭할수록 발견되는 문제점의 수는 적어지고, 가상화 시 발생할 수 있는 성능 상의 문제나 미처 생각하지 못한 문제도 조기 발견하여 가상화 설계의 완성도를 높일 수 있다.

Rule 8 환경을 구분하라

시스템의 구성 환경을 개발 환경과 서비스 환경으로 분리해야 한다. 대부분의 대규모 환경에서는 크게 개발 환경과 서비스 환경을 구분하여 운영한다. 가상화 설계도 이처럼 기존 시스템 및 애플리케이션 구성 환경을 그대로 가져와 개발 환경과 서비스 환경으로 분리하여 이루어져야 한다. 만약 가상화 서버의 하드웨어의 환경을 구분하지 않고 단일 환경으로 서버 가상화를 설계하면, 차후 서버 가상화의 소프트웨어 및 하드웨어의 구성 정보 변경 시 실제 제공되는 단일 환경에서 구성 변경에 따른 테스트 작업이 진행되어 결국 서비스에 영향을 미치게 된다. 물론 가상화 하드웨어 설계 시 환경을 구분하면 높은 비용이 발생하지만, 재정적 지원이 충분하다면 이 부분도 충분히 고려하여 설계하는 것이 좋다.

가상화 환경을 구분하여 분리하면 가상화 환경의 구성 변경이 발생할 때 이를 적용하기 위한 위험부담을 줄일 수 있으며, 이는 하나의 품질 보증으로 이어질 수 있다.

Rule 9 확장성을 고려하라

보일의 법칙(Boyle's law)에 따르면 가스는 부피의 확산에 의해 모든 유효한 공간을 채우게 된다. 이 법칙은 컴퓨터 시스템의 리소스에도 적용된다. 시스템은 항상 시스템 용량을 꽉 채워 사용한다. 디스크의 용량이 2TB라도 몇 달 만에 다 써버린다면 서버의 CPU와 메모리 용량도 부족해질 것이다. 이것은 일반적인 현상이므로 가상화를 설계할 때 보일의 법칙을 염두에 두는 것이 좋다. 이는 시스템을 쉽게 확장할 수 있기 위함이다. 만약 시스템을 확장하기 위해 여러분이 계획한 것보다 더 많은 시간과 비용이 소모된다면, 여러분을 괴롭히는 문제가 될 것이다. 따라서, 어느 시점에서 확장을 위한 새로운 가상화 시스템의 증설이 필요한지 파악하고, 필요 시 시스템 확장에 대한 이슈로 시간이 소요되거나 성능의 이슈가 발생하지 않도록 이를 충분히 고려하여 설계해야 한다.

Rule 10 안정적인 솔루션 및 하드웨어를 선택하라

시중에 유통되는 가상화 솔루션 및 하드웨어는 많다. 이들 중에서 여러분에게 적합한 솔루션을 찾는 것은 쉬운 일이 아니다. 가상화 설계에서 여러분의 회사에 가장 적합한 가상화 솔루션 및 하드웨어를 선택하는 것은 매우 중요하다. 이것은 내 몸에 꼭 맞는 옷을 사는 것과 같다. 새로 산 옷이 내 몸의 사이즈와 다르다면 여러 번 입는 것이 어려워 나중에는 입지 않고, 그 옷은 그대로 방치될 것이다. 따라서, 올바른 가상화 솔루션 및 하드웨어를 선택하려면 여러분의 환경을 정확히 분석하고 여러분이 필요한 부분을 명확히 파악하고 있어야 한다. 그렇지 않으면 내 몸에 맞는 않는 옷을 구입하여 활용하지 못하고 방치하게 될 것이다.

여러분에게 가장 적합한 솔루션을 찾으려면 시중에 유통되는 가상화 솔루션 및 하드웨어에 대한 평가 항목 등을 준비 및 작성하고, 이를 토대로 평가하여 여러분의 환경에 가장 적합한 가상화 솔루션 및 하드웨어를 선택해야 한다.

Rule 11 외부 자원을 잘 이용하라 -전문가의 이야기에 집중하라

서버 가상화를 처음 도입하거나 내부에 서버 가상화에 정통한 전문가가 없는 경우, 이미 가상화를 경험한 전문가의 이야기에 귀를 기울이는 것이 좋다. 서버 가상화와 관련된 벤더들은 자신들의 고객사이트를 방문하여 각 장비들을 점검하고, 이미 크고 작은 수많은 문제들을 해결하거나 여러분의 계획 수립과 문제 상황에 대한 경험이 풍부한 전문가들이다. 이처럼 전문화된 가상화 벤더들을 통해 가상화에 필요한 기술 및 정보 등을 얻을 수 있다. 벤더가 가상화 구축에 필요한 교육의 기회를 제공한다면, 해당 교육을 이수하여 가상화 도입에 따른 위험요소 및 주의 사항을 미리 파악하고 대처할 수 있는 방안을 준비한다. 벤더뿐만 아니라 외부의 세미나 및 온라인 커뮤니티 사이트에서 연구 성공 사례를 검색하는 등 도움이 될만한 모든 외부의 문서를 참고하고 전문가의 이야기에 귀를 기울여야 한다.

TIP

가상화를 처음 도입하는 회사의 관련 부서나 담당자들은 가상화에 대한 지식과 경험이 전무하다 보니 가상화에 대한 저항감이 있을 수 있다. 이 경우 서버 가상화의 성공을 위한 내부 세미나를 통해 가상화에 대한 저항감을 없애는 과정이 반드시 필요하다.

Rule 12 서버의 중요도를 구분하여 단계적으로 접근하라

가상화 대상 서버 중에서 어떤 서버를 가장 먼저 가상화할지에 대한 우선순위 결정이 필요하다. 각 회사마다 우선순위 항목이 다를 수는 있지만, 보편적인 기준에 따라 크게 3가지로 나누는 것이 좋다.

첫번째는 비핵심 영역의 서버 군이다. 이 영역은 말 그대로 중요하지 않은 서버 군으로, 개발 및 테스트 중심의 서버 군을 말한다. 추가적으로는 웹 서버 등도 여기에 포함시킬 수 있다. 주로 서버의 장애가 발생했더라도 서비스 영향이 없거나 적은 서버들이 여기에 해당한다.

두 번째는 핵심 영역의 서버 군이다. 핵심영역의 서버 군은 해당 서버의 다운이 발생했을 때 서비스에 영향이 큰 서버들을 말한다. 예를 들어, 인증 관련 서버 또는 온라인 서비스 중인 애플리케이션 서버들이 해당된다.

마지막으로 세 번째는 데이터베이스 서버 군이다. 데이터베이스 서버는 가벼운 데이터베이스에서부터 가상화를 실시하여 점차 무거운 데이터베이스 서버로 진행하는 것을 권장한다. 대부분의 데이터베이스 서버의 경우 고사양의 하드웨어에서 동작하기 때문에 높은 사양의 서버를 가상화하는 것에 대해서는 부담감이 존재하기 때문이다.

물론 모든 회사에서 위의 기준에 따라 우선순위를 정하지 않아도 된다. 우선순위의 기준은 매우 다양하며 여러분의 서버 환경에 맞게 유동적으로 결정하는 것이 가장 바람직하다. 예를 들어 서버의 기능에 따라 웹, 애플리케이션, 데이터베이스 등으로 구분하는 방식도 있다.

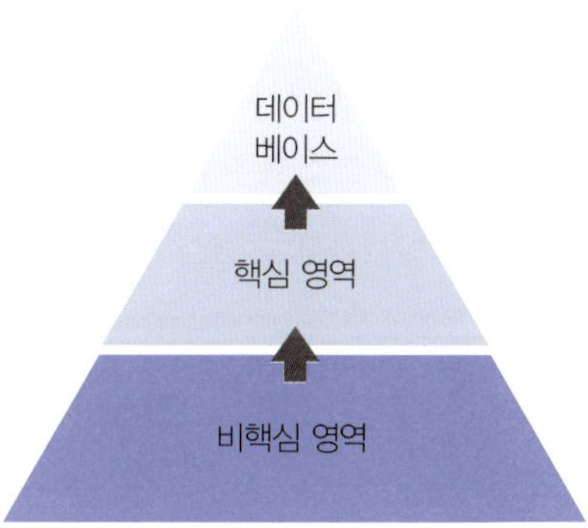

[그림 2.1] 가상화 대상 서버의 우선 순위 결정

Rule 13 가상화 대상 서버와 비가상화 대상 서버를 구분하라

가상화 설계를 하기 전에 기존 시스템에 대한 리소스 사용률 정보를 취득하고 이를 분석하는 작업을 실시한다. 이때, 리소스 분석을 위한 시스템의 사용률 정보 취득은 최소한 2주 이상의 정보를 취득하는 것이 좋다. 이 기간이 짧으면 가상화 설계 시 호스트 서버의 수를 예측하기가 어렵다. 기존 시스템의 리소스 사용률을 참고하여 가상화 대상 서버와 비가상화 대상 서버의 기준치를 결정하고, 기준치 이상에 속하는 시스템은 과감하게 비가상화 대상 서버로 분류하는 것이 좋다. 예를 들어 가상화 호스트 서버의 메모리는 96GB인데 기존 물리 서버의 메모리가 32GB로 리소스를 평균 30% 이상 사용하는 서버가 있다면, 해당 서버를 다른 서버와 동일하게 가상화할 경우 성능의 이슈 및 가상화 통합 비율이 낮아지는 등 비용 대비 효과가 적을 수 있다. 따라서, 서버 가상화를 설계할 때는 반드시 리소스 사용률을 분석한 후 기준치를 결정하고, 가상화 대상 서버와 비가상화 대상 서버를 구분하는 작업이 필요하다.

Rule 14 시스템의 이력을 확인하라

서버 가상화를 설계하는 과정에서 기존 물리서버를 한 대씩 조사하는 작업을 진행하게 된다. 해당 서버에 장애가 발생했을 때 다른 시스템에 영향을 미치는지 또는 독립적으로 동작을 하는지 등 시스템의 구성 정보 등을 확인하는 작업을 진행한다. 이때 해당 시스템의 다운 이력 및 장애 이력을 확인하는 작업도 함께 진행하는 것이 좋다. 이 작업은 지금까지 발생했던 문제 유형을 확인하고 차후 가상화를 통해 해결을 할 수 있는지, 대체 솔루션을 도입해야 하는지 등이 명확하게 파악할 수 있다. 만약 해당 시스템의 하드웨어 부품에 의한 장애가 자주 발생했다면 하드웨어 부품을 교체하느라 시간을 낭비하지 말고, 바로 가상화로 마이그레이션을 진행하여 문제 해결을 시도하는 것이 좋다.

왜 시스템은 다운하는가? 이에 대해 필자의 경험을 빗대어 말하면 80/20의 법칙이 존재한다. 시스템 다운의 80%는 20%의 내재된 문제에 의해 야기된다. 따라서 20%에 해당하는 문제를 우선적으로 해결하면 기존에 발생했던 시스템의 문제를 기대 이상으로 줄일 수 있다. 그리고 나머지 80%에서 다시 그 20%의 문제를 해결하는 방식을 반복 적용하면 보다 쉽게 기존 문제를 해결하며, 성공적인 서버 가상화를 문제없이 진행할 수 있다.

Rule 15 기존 인프라를 활용하라

서버 가상화 설계는 기존 인프라를 새롭게 재구축하는 것과 같다. 그래서 가능하다면 기존 인프라의 환경을 활용하여 가상화 하는 것이 좋다. 기존 인프라를 활용하지 않고 새로운 인프라로 구축할 경우 높은 투자 비용이 소모되므로 비용적인 측면에서 부담이 될 수 밖에 없다. 그러나 모든 가상화에서 기존 인프라를 기본으로 구성하라는 의미는 아니다. 기업의 IT인프라 환경이 모두 제각각인 만큼 가상화를 진행하는 목적과 범위 및 방법 또한 모두 다르다. 따라서 기업의 환경에 맞게 가상화에 필요한 호스트 서버에 대하여 기존 물리 서버를 기본으로 재활용할지, 새롭게 구입할지, 스토리지 설계에 있어서 IP기반의 IP-SAN 방식으로 구성할지, FC기반의 SAN 환경으로 구성할지, 네트워크 구성의 대역폭을 기존 그대로 구성할지, 아니면 이를 개선하여 10G로 구성할지 등 가능한 모든 부문에 걸쳐서 기업의 IT 인프라 환경을 고려하여 가상화 설계를 해야 한다.

Rule 16 백업 계획을 세워라

기업의 환경에 따라 다르겠지만 일부 기업에서는 가상화를 도입하면서도 기존 물리환경에서 운영하던 방식 그대로 백업을 운영하는 경우가 종종 있다. 만약 여러분이 운영하고 있는 서버의 연간 증가율이 높은 편이라면 기존 백업 시스템을 그대로 운영하기 보다는 가상화 환경에 적합한 백업 계획을 세우는 것이 필요하다. 백업 방법 및 솔루션에 따라 여러분의 중요한 시스템의 데이터 복구 시간이 달라질 뿐만 아니라 백업에 대한 비용 및 시간과 노력도 달라진다. 그러므로 가상화 설계 시 가상화 인프라에 대한 백업을 그대로 유지할지, 아니면 가상화에 맞게 변경하여 운영할지 미리 계획해야 한다. 평상시에는 백업의 중요성을 인식하기 어려우나 문제가 발생하였을 경우에는 그 중요성을 뼈저리게 깨닫게 되기 때문이다.

Rule 17 가상화에서의 보안을 생각하라

모든 시스템 운영에서 보안은 단순히 가상화 시스템에만 국한되는 것이 아니며, 매우 중요한 부분을 차지한다. 또 보안은 보안 관리자만 생각할 문제가 아니라 시스템 관리자도 늘 관심을 갖고 고민해야 하는 부분이다. 시스템의 보안을 높여서 가상화를 구축한다는 것은 그만큼 여러분의 시스템의 신뢰성을 높이는 것을 의미한다. 보안을 고려하여 가상화를 설계하면 허가받지 않은 외부의 침입이나 장애로부터 여러분의 시스템을 보다 안정적이고 안전하게 운영할 수 있도록 도와준다. 기존 물리 환경에서 보안에 대해 철저히 관리하고 운영했지만, 가상화를 도입하면서 소홀하거나 누락되는 부분이 발생하지 않도록 하이퍼바이저, 가상 머신, 스토리지 등의 보안을 고려해야 한다.

Rule 18 모니터링 및 용량 계획을 세워라

'가상화 시스템에 문제가 생겼을 때 어떻게 이를 감지하고 대응할 것인가?'에 대한 고민은 가상화 시스템을 운영할 때 중요하게 생각해야 하는 부분 중 하나이다. 모니터링 시스템은 24시간, 365일 운영 및 모니터링이 가능해야 하며, 담당자에게 리얼타임으로 통지할 수 있어야 한다. 모니터링은 단순히 해당 시스템에 장애가 발생했을 때 뿐만 아니라 가상화 시스템의 용량이 지정한 임계치에 도달했을 때 추가 용량 확보 및 증설을 위해 필요하다. 용량 문제가 발생하면 이는 곧 성능 저하의 문제로 발전할 가능성이 높기 때문이다. 따라서 모니터링은 현재 발생한 문제와 미래에 발생할 수 있는 문제를 담당자에게 즉시 알려 신속하게 문제를 해결할 수 있어야 한다.

Rule 19 서버 가상화 후의 운영 계획을 세워라

가상화 운영 계획은 엄밀히 말해 가상화 설계보다 설계 후의 인프라 운영에 관한 것으로, 인원 및 조직관리의 한 부분이라 볼 수 있다. 대부분 가상화 도입 전에는 이 부분에 대해 고려하지 않다가 가상화 도입 및 구축 완료 시점부터 집중적으로 고려하는데, 필자의 경험에 의하면 가상화 후의 운영 또는 인원 계획을 늦게 고려하는 경우 현업 실무자들의 업무 부담감 증가되어 생산성 저하 문제로 이어진다.

서버 가상화의 효과로 현업 실무자들의 생산성 향상을 예상할 수 있지만, 인프라 운영 계획 업무의 부담감이 커져 이 효과를 제대로 살리지 못하는 경우가 있다. 이것은 관리자가 가상화 후의 업무 패턴 및 프로세스를 이해하지 못하고 단순히 '개선된다'는 개념만 어렴풋이 갖고 있기 때문이다.

실제로 가상화를 도입하는 경우, 가상화 시스템 운영에 대한 별도의 업무 지식이 필요함에도 불구하고 기존 조직에서 이를 제대로 이해하지 못하여 업무의 부담감 증가나 생산성의 저하가 표면적으로 나타난다. 따라서 가능하다면 서버 가상화 도입 시기부터 서버 가상화를 위한 별도의 조직과 인원을 구성하여 서버 가상화 완료 후에도 업무 이관 또는 업무 이해에 대한 공백이나 생산성 저하가 발생하지 않도록 계획하는 것이 좋다. 이때 별도의 조직을 구성하지 않고 기존 조직에서 가상화를 운영을 계획한다면 업무 영역이 겹치는 관련 IT 부서 및 관련자들의 교육, 인재 관리 등 여러 면에서 가상화를 위한 특화된 전문 조직을 운영할 때보다 더 많은 운영 비용이 소모된다.

Rule 20 단순하게 만들어라

단순함이란 중요 시스템에 불필요한 하드웨어를 줄이거나 서버를 단순화하여 가용성을 높이는 것이다. 그러나 서버 가상화를 설계할 때 시스템을 복잡하게 만들긴 쉬워도 단순하게 만들기는 어려우며 가상화 시스템을 단순하게 만든 것이 핵심이 된다. 기업의 환경에 따라 다르겠지만 일반적으로 네트워크, 스토리지, 시스템, 애플리케이션 등을 관리하고 배치할 때 쓸데없이 복잡하게 만들어진 부분을 확인할 수 있다. 시스템이 복잡하여 문제가 발생했을 때 어디에 전화해야 할지 모른다거나 담당 관리자가 확실하지 않다면 문제가 발생할 수 밖에 없다. 이때 발생한 작은 문제는 더 큰 문제로 발전할 수도 있다.

작고한 재즈 베이스 연주가 찰스 밍거스(Charles Mingus)는 "누구든지 간단한 것을 복잡하게 만들 수는 있다. 그러나 복잡함을 단순하게 만드는 것이 진정한 창조이다."고 이야기했다. 가상화 설계를 이야기할 때는 시스템의 안정성 확보를 위한 고가용성, 시스템의 운영을 위한 비용 절감, 현업 실무자의 업무 효율성 및 생산성 향상에 맞춰 보다 단순하면서 관리하기 편리한 방법을 제시하는 것에 중점을 두는 것이 좋다.

Chapter 3

가상화 도입 계획과 준비의 핵심법칙 7

가상화 도입 계획과 준비의 핵심법칙 7

Project

서버 가상화의 도입을 계획하고 진행할 때에는 기업의 환경에 맞는 가상화 전략을 세우고 전략에 따른 계획을 세워야 한다. 이때 IT 조직 및 기업 내부에 서버 가상화에 대한 전문 인력이 있다면 가상화 전략과 계획을 준비하는데 큰 도움이 된다

1. 가상화에 대한 조직 내 저항감을 없애라
2. 내부 및 외부 세미나를 통해 가상화를 이해하라
3. 외부 구축 사례를 연구하라
4. 가상화 전담 프로젝트 팀을 구성하라
5. 소규모로 테스트를 진행하라
6. 한 번으로 끝내지 마라
7. 가상화의 목적 및 목표를 명확히 하라

가상화 도입 계획과 준비의 핵심법칙 7

“

서버 가상화의 도입을 계획하거나 도입을 결정했다면 먼저 기업의 환경에 맞는 가상화 전략을 세우고 전략에 따른 계획을 세워야 한다. 이때 IT 조직 및 기업 내부에 서버 가상화에 대한 전문 인력이 있다면 가상화 전략과 계획을 준비하는데 큰 어려움은 없겠지만, 가상화 전문 인력이 부족하거나 없다면 서버 가상화를 진행하는데 어려움을 겪을 것이다. 이 장에서는 가상화 초기 단계에 해당하는 계획 수립 단계에서 어떻게 접근하여 가상화를 진행하는 것이 적합한지 설명한다.

”

Rule 1 가상화에 대한 조직 내 저항감을 없애라

회사 내에서 서버 가상화의 운영 계획을 세워 공표하면, 기존의 물리적인 서버 환경 시스템을 관리해온 시스템 관리자나 개발자 등이 서버 가상화의 성능 또는 관리에 대한 이슈 등을 제기하며 저항감을 표출할 수도 있다. 하지만 이 저항감은 대부분 가상화의 기술을 접해 보지 않은 시스템 관리자나 개발자에게서 발생한다. 따라서 저항감을 없애기 위해 일부 워크스테이션 또는 개발 및 테스트용 서버를 대상으로 가상화를 계획하고 직접 사용하도록 하여 가상화를 자주 접하게 하는 것이 좋다. 조직 내 가상화에 대한 저항감을 줄이면 기존 물리적인 서버 환경에서 가상화 환경으로 전환할 때, 담당자들이 보다 유연하게 대응할 수 있다.

Rule2 내부 및 외부 세미나를 통해 가상화를 이해하라

최근에는 가상화나 클라우드 서비스에 대한 관심도 높아지고 이와 관련된 서적도 많이 출판되고 있으며, 여러 벤더가 주최하는 서버 가상화 관련 세미나도 많이 열리고 있다. 일부 기업에서는 '업무도 바쁜데 무슨 세미나에 참석하는가?'라며 세미나에 잘 참석하지 않는데, 가상화를 처음 도입하거나 도입할 생각을 갖고 있다면 관련 세미나에 참석하여 정보를 얻는 것이 꼭 필요하다고 말하고 싶다.

외부 세미나에 참석하면 가상화에 대한 이해가 높아지며, 최신 동향을 파악할 수 있는 좋은 기회이기 때문이다. 더 나아가 기업 내부 시스템 관리자 및 관련 부서 담당자들을 대상으로 내부 세미나 등을 통해 세미나 과정에서 얻은 새로운 지식과 기술을 전달하는 시간을 마련한다면 이보다 더 좋을 수는 없다. 서버 가상화뿐만 아니라 어떤 일이든 지식과 경험이 많으면 많을수록 그 일은 성공할 가능성이 더욱 높아진다.

Rule3

외부 구축 사례를 연구하라

대학교에 갓 입학하면 선배들로부터 대학생활에 대해 여러 이야기를 듣는 오리엔테이션에 참가하여 대학생활을 준비하고 시작하게 된다. 여러분이 서버 가상화를 진행하려고 한다면 이미 가상화를 진행한 기업들이 발표한 구축 사례에 귀를 기울이고, 이들이 고민했던 부분이 무엇이고 어떤 방법으로 가상화를 진행했는지 또 결과는 어떻게 되었는지 등을 연구하는 것이 좋다. 물론 이들의 기업 IT 인프라 환경이 여러분의 IT 인프라 환경과 완벽히 일치한다고 할 수는 없다. 하지만, 먼저 서버 가상화를 진행한 선배들로부터 얻을 수 있는 정보를 분석하면 여러분이 가상화를 진행할 때 실패하지 않도록 도와주고 서버 가상화의 성공률을 높여준다.

Rule4 가상화 전담 프로젝트 팀을 구성하라

기존 물리 환경에서는 일반적으로 IT 부서 내에 시스템, 네트워크, 스토리지 팀 등이 분리된 조직으로 구성되어 있다. 일부 기업에서는 이 조직이 통합되어 있을 수 있다. 가상화라는 작업은 기업의 IT 인프라 전체를 이해하고 이를 재구축하거나 새롭게 설계하는 과정에 해당하므로 관련된 모든 담당자들의 협력이 필요한 작업이다. 이들의 협력이 얼마나 잘 이루어지느냐에 따라 서버 가상화 완성도의 차이가 발생한다. 따라서 서버 가상화 진행에 필요한 내부 인력을 대상으로 프로젝트 팀의 성격을 띈 가상화 전담 팀을 만들어서 관련 팀원 모두 동일한 목적과 동일한 콘셉트를 위해 서버 가상화를 진행할 수 있도록 해야 한다. 그렇지 않으면 가상화 진행 도중에 가상화의 목적이나 콘셉트가 달라져 서버 가상화 과정에서 어려움을 겪을 수 있다. 또 전담 팀원 모두가 서버 가상화의 진행 과정을 알고 있으므로 가상화가 완료된 이후 가상화 환경에서 시스템을 운영할 때도 유연하게 대응할 수 있다.

Rule 5 소규모로 테스트를 진행하라

기업의 전체 인프라를 기존 물리 환경에서 가상화 환경으로 전환하려고 한다면 전체를 대상으로 가상화 환경을 구축하기 보다는 먼저 소규모로 가상화 환경을 구축해보는 것을 권장한다. 소규모의 가상화 환경을 구축해보며 서버 가상화에 대한 이해와 운영에 대한 노하우가 축적되어 서버 가상화에 대한 자신감을 쌓고, 전체 인프라로 가상화 환경 구축을 확대하는 것이 바람직하다. 절대 처음부터 전체 인프라를 가상화하려고 하지 마라. 처음부터 전체 인프라의 가상화 환경을 구축하려는 것은 이제 막 취득한 운전면허로 고속도로를 달리는 것과 같다. 운전 면허를 취득했다고 도로 연수도 없이 덜컥 차를 사서 운전한다면 차량은 여기 저기 상처가 날 뿐이며, 언제 사고가 나도 이상하지 않을 것이다. 가상화도 마찬가지다. 소규모 테스트를 진행하지 않고 곧바로 전체 인프라의 가상화 환경을 구축한다면 수습할 수 없는 문제들이 끊임없이 발생할 것이다.

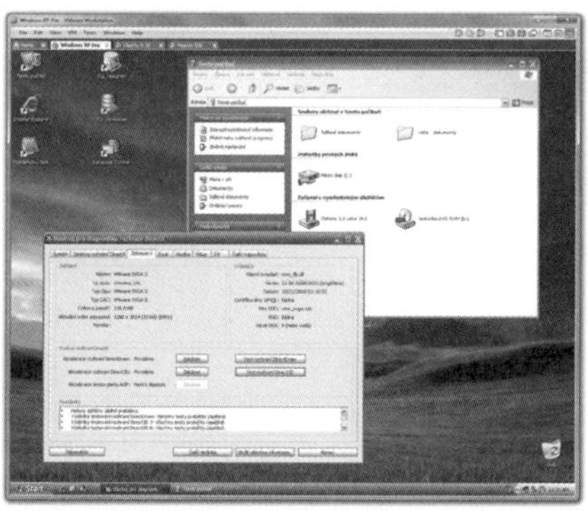

자료출처 : http://myego.cz/img/vmware7/VMware-Workstation-7.jpg

Rule6

한 번으로 끝내지 마라

대부분 잘 못 알고 있는 것 중 하나가 가상화 서버를 구축하면 모든 것이 다 해결된다고 생각하는 것이다. 그래서 서버 가상화 과정에 무지한 일부 IT 관리자는 최단 시간 안에 가상화 환경을 구축하는 것을 자랑으로 생각하기도 한다. 물론 단시간 내에 기업의 IT 인프라 환경을 가상화 환경으로 전환하는 것은 대단한 일이다. 하지만 그보다 더 중요한 건 인프라 환경이 단계적 전략에 따라 안정적으로 구성이 되는 것이다. 서버 가상화는 변화이고 새로운 환경일 뿐이다. 가상화 환경 구축은 새로운 환경으로의 전환이 시작일 뿐, 종착역은 아니다.

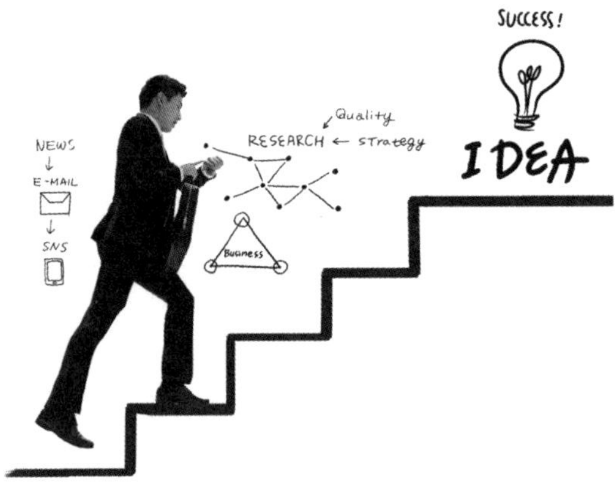

Rule 7
가상화의 목적 및 목표를 명확히 하라

대부분의 기업이 주로 비용 절감을 위해 서버 가상화를 진행하지만, 그 외 여러 가지 요소에 의해서 서버 가상화를 진행하기도 한다. 이때 왜 지금 가상화를 해야 하는지 그 목적에 목표를 명확히 설정하여 가상화가 다른 방향으로 진행되는 것을 방지해야 한다. 또 기존 물리 환경을 가상화 환경으로 전환할 때 각자 기준을 정하고 이 기준을 토대로 서버 가상화를 진행하는 것이 좋다. 그렇지 않으면 초기의 목표가 점차 바뀌게 되고, 이는 결국 기업의 서버 가상화 진행 일정에 영향을 미치게 된다.

MEMO

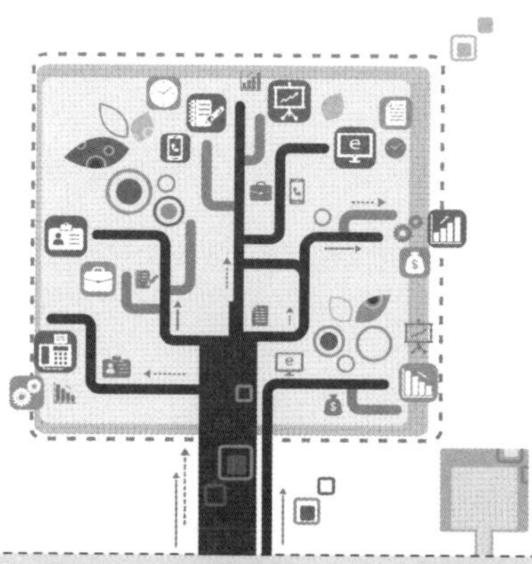

Chapter 4

호스트 설계의 핵심법칙 11

호스트 설계의 핵심법칙 11

Project

서버 가상화를 도입할 때 기업 환경에 맞는 호스트 서버의 하드웨어를 제대로 선택하는 것이 중요하다

1. 블레이드 서버 vs. 랙 서버 중 어느 것을 선택할 것인가?
2. 호스트 서버를 설치할 데이터센터의 환경을 파악하라
3. 호스트 서버의 하드웨어 호환성을 사전에 미리 확인하라
4. 가상화 환경에 맞춰 하드웨어 기능을 최적화하라
5. 적합한 가상화 솔루션과 하이퍼바이저를 선택하라
6. 하드웨어 사이징을 위한 CPU와 메모리 리소스의 사용량을 분석하라
7. CPU를 사이징하라
8. 메모리를 사이징하라
9. 호스트 서버를 사이징하라
10. 호스트 서버의 파워와 쿨링은 충분한지 확인하라
11. Scale Up vs. Scale Out

호스트 설계의 핵심법칙 11

"

호스트Host 서버의 하드웨어는 가상화의 성능, 통합비율, 비용 등 가상화에 큰 영향을 끼치는 요소이다. 따라서 적합한 하드웨어의 선택, 설계 과정이 없으면 가상화를 성공적으로 설계할 수 없다. 가상화 설계의 전체 과정 중에서 초기 단계에 해당하는 하드웨어의 설계는 경우에 따라 몇 달이 소요되기도 한다. 하드웨어를 선택하여 벤치마킹 테스트를 실시하고, 그 결과를 평가하여 최종 결정 후 해당 하드웨어를 발주하여 물품이 도착하기 전까지 오랜 시간이 걸리기 때문이다. 이 장에서는 서버 가상화를 도입할 때 어떻게 여러분의 기업 환경에 맞는 하드웨어를 선택해야 하는지를 설명하며 주로 호스트 서버의 설계 단계를 중점적으로 다루게 된다.

"

Rule 1

블레이드 서버 vs. 랙 서버 중 어느 것을 선택할 것인가?

가상화 서버의 하드웨어 선택 단계에서 '블레이드Blade 서버를 사용할 것인가, 랙Rack 서버를 사용할 것인가?'라는 고민에 빠지게 된다. 서버는 가상화 도입 이후 하드웨어의 일관성 유지를 위해 반드시 고민하고 구입해야 한다. 또 가상화 이후에 서버 타입의 변경으로 인한 추가 비용의 발생(사용권의 변화와 인프라 변화에 따른 주변 네트워크 기기의 구매비용 등이 발생)과 하드웨어 유지보수를 위한 시스템 관리자의 업무 부담 증가를 막기 위해 기업의 인프라와 확장성을 고려하여 선택해야 한다. 그렇다면 과연 어떤 서버 타입을 선택해야 할까? 가상화 호스트 서버 타입을 선택하기 전 각 서버 타입의 특징을 간략히 설명을 하면 다음과 같다.

■ **블레이드 서버**

블레이드 서버는 블레이드 샤시Chassis가 랙에 한번 설치되면 블레이드 서버의 추가, 교체, 삭제 및 케이블링 작업은 단 몇 분만에 완료된다. 이는 블레이드 서버의 가장 큰 장점인 모듈module형 디자인 때문이다. 모듈형 디자인은 하드웨어의 설치와 교체가 쉽고 간편할 뿐만 아니라 데이터센터의 랙 케이블링, PDU(Port Data Unit, 포트 데이터 단위)의 연결 케이블링도 줄일 수 있다. 이 점은 가상화 환경에서 스토리지와 네트워크의 장비 간의 FC 케이블 및 이더넷Ethernet 케이블의 수를 줄이기도 한다. 또 가상화 환경에서 블레이드 서버를 교체할 때 BIOS만 설정하므로 시스템 관리자의 작업이 간단하다.

하지만 가상화 환경에서 서로 다른 벤더의 블레이드 서버를 하이브리드Hybrid 형태로 운영하기는 어렵다는 단점이 있다. 또 하나의 벤더의 블레이드 서버만을 도입해야 하는, '단일 벤더의 종속성'이라는 제약이 있다. 또 블레이드 서버의 PSU(Power Supply Unit, 전원 공급장치), 팬Fan, DVD 드라이브 등 공유된 구성요소는 전체 하드웨어의 비용을 줄이지만, 이 같은 비용 절감 효과를 체감하려면 블레이드 서버를 충분히 구매해야 한다는 단점이 있다. 그래서 블레이드 서버는 많은 비용이 필요하기 때문에 소규모 환경보다는 대규모 환경에 적합하다. 한편 블레이드 서버의 공유된 구성요소는 단일 장애지점을 발생시킨다. 아주 드문 경우이지만, 이때 블레이드 샤시가 위험요소에 해당된다. 하나의 샤시에 장애가 발생할 경우 해당 샤시에 포함된 여러 개의 블레이드 서버가 장애의 영향을 받기 때문이다. 하지만 블레이드 샤시의 위험요소는 가상화 솔루션인 VM웨어 vSphere의 HA(High Availability, 고가용성)나 CitirixXen의 HA로 해결할 수 있다.

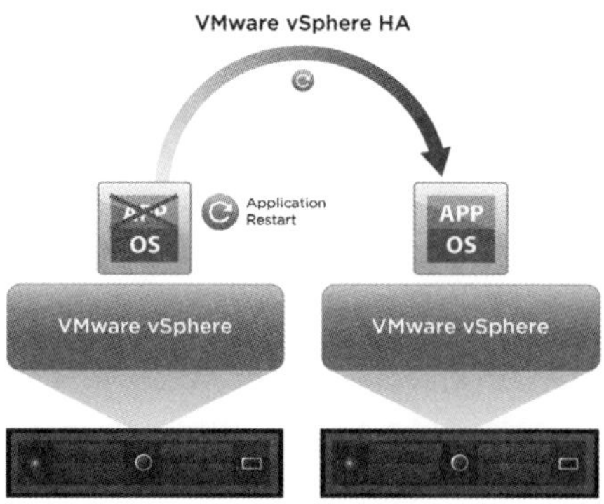

자료출처 : http://www.vmware.com

[그림 4.1] VMware vSphere HA

■ **랙 서버**

랙 서버는 서버 시장에서 가장 많이 사용되는 서버 타입으로, 1U부터 4U까지 있으나 주로 1U나 2U 타입의 랙 서버가 사용된다. 랙 서버를 사용하여 가상화를 설계하는 주된 이유는 블레이드 서버에 비해 상대적으로 가상화 도입에 대한 하드웨어 구매 비용이 낮아 비용 부담이 적기 때문이다. 그래서 적은 수의 서버로 가상화를 시작하는 중소규모의 인프라 환경에서 1~2대의 가상화 서버가 필요할 때 필요한 랙 서버만 구매하여 증설하면 되지만, 블레이드 서버의 경우 샤시를 구매하여 증설해야 하기 때문이다. 만약 데이터센터 내의 서버 공간에 대한 제약 조건이 없다면 랙 서버는 가장 좋은 선택일 수 있다. 블레이드 서버와 랙 서버의 특징을 간단히 비교하면 다음과 같다.

[표 4.1] 블레이드 서버와 랙 서버의 특징 비교

비교 항목	블레이드 서버	랙 서버

초기 투자 비용	높다	낮다
저전력 및 전력 효율성	높다	중간
공간 비중	높다	중간
관리의 효율성	높다	중간
I/O 확장성	높다	중간
컴포넌트의 독립성	중간	높다
적용 대상	중대규모	중소규모

일반적으로 대규모 환경에서는 블레이드 서버로, 중소규모의 경우 랙 서버로 가상화를 진행한다. 랙 서버를 추가하는 경우, 전체 서버 중 가상화에 필요한 일부분을 기존에 보유한 서버의 부품을 업그레이드하는 등 서버를 재활용하여 진행하는 경우도 있다. 따라서 가상화 서버의 하드웨어를 선택할 때 무조건 어떤 타입의 호스트 서버를 선택해야 한다는 정답은 없다. 또 가상화를 도입하는 기업의 환경이 모두 다르기 때문에 여러분의 기업 환경에 가장 적합한 타입을 선택하는 것이 좋다.

Rule 2 호스트 서버를 설치할 데이터센터의 환경을 파악하라

호스트 서버에 대한 선택을 할 때 반드시 함께 고려할 사항이 있는데, 바로 호스트 서버가 설치될 데이터센터의 환경이다. 구체적으로 말하면 데이터센터의 쿨링Cooling, 전력, 물리적 공간을 말한다. 가상화 환경을 구축하는 경우 기존 1:1 물리적 서버 환경과는 달리, 서버의 발열, 전력 공급량, 서버가 차지하는 물리적 공간이 다르기 때문이다.

서버의 발열 통제 방법과 안정적인 전력 공급에 따라 가상화 호스트 서버의 성능과 안정성이 달라진다. 가상화 호스트 서버는 벤더의 하드웨어 아키텍처에 따라 서버의 발열 처리를 위한 공기 흐름Air Flow이 Front-End 타입인지 End-Front 타입인지 파악하여 데이터센터에 설치해야 한다. 그렇지 않으면 호스트 서버의 발열에 의해 예상치 않은 성능 저하나 장애에 부딪히게 된다.

안정적인 전력 공급 또한 마찬가지이다. 대부분의 데이터센터에서는 랙 1개당 공급할 수 있는 전력량을 정해 놓고 이를 서비스하고 있다. 가상화 호스트 서버의 안정적인 전력 공급량을 예측하지 못하거나 서버의 발열을 제대로 처리하지 못할 때도 예상치 못한 성능 저하나 장애에 부딪히게 된다.

추가적으로 고려해야 할 사항으로는 데이터센터에 설치될 랙이다. 가상화 호스트 서버가 설치될 랙의 타입은 제품마다 다르다. 반드시 해당 랙이 가상화 호스트 서버와의 호환성이 좋은지, 랙 1개에 어느 정도의 서버가 장착되는지, 랙 1개가 감당할 수 있는 무게, 하중을 고려해야 한다. 그렇지 않으면 랙이 가상화 서버의 무게를 지탱하지 못해 1~2년 후에는 랙이 바닥으로 주저앉게 된다. 따라서 가상화 호스트 서버가 설치될 데이터센터의 환경을 반드시 고려해야 한다.

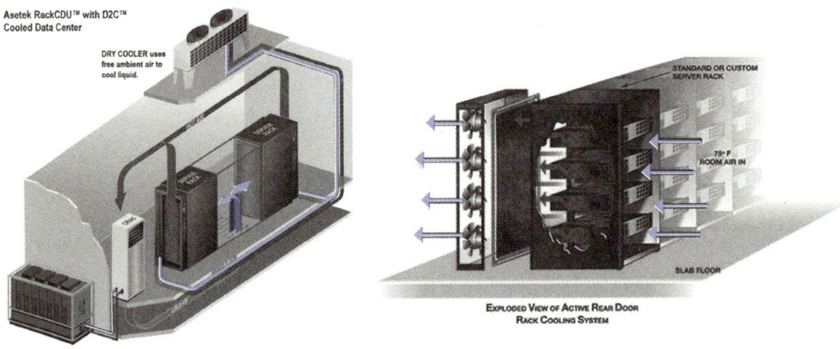

자료출처 : http://asetek.com

[그림 4.2] 데이터센터의 냉각 방법

Rule 3 호스트 서버의 하드웨어 호환성을 사전에 미리 확인하라

가상화 호스트 서버의 하드웨어를 결정하기 전에 반드시 가상화 솔루션의 호환성 목록(HCL, Hardware Compatibility List)을 확인해야 한다. 검토 중이거나 선택한 서버 하드웨어 모델이 가상화 솔루션의 호환성 목록에 포함되어 하드웨어에 문제가 없는지 확인해야 한다. 그렇지 않으면 가상화를 진행하는 도중에 하드웨어의 호환성 문제로 인한 성능 저하, 필요한 기능을 구현하지 못한 안정성 문제가 발생할 수 있기 때문이다. 물리적인 서버의 하드웨어 구성요소 중에서 가상화 호스트 서버의 성능을 좌우하는 요소로는 CPU, 메모리, 스토리지 I/O가 있다. 호스트 서버의 성능 향상을 위해 CPU가 가상화 지원 기능을 갖춘 CPU 모델인지, 하이퍼스레드Hyper-Thread를 지원하는 모델인지, 가상화 소프트웨어의 고급 기능을 지원하는지 등을 반드시 확인해야 한다.

가상화 도입 후에는 점점 증가하는 가상화 호스트 서버와 데이터센터 내의 전력 소모에 따른 높은 전력 비용 문제가 생긴다. 이 문제들을 사전에 예방하고 해결하기 위해 저전력 · 고효율의 CPU 모델 사용을 추천한다. 메모리는 L3 캐시를 지원하며 메모리의 동기 클럭Clock[2)]수가 1,333MHz로, 멀티 프로세스를 지원하는 듀얼 채널 이상의 메모리를 추천한다.

---

2) 클럭(Clock) : CPU를 비롯한 컴퓨터의 모든 부품들은 특정한 신호에 맞추어 동작을 하는데, 이 특정한 신호를 가리키는 말이 바로 '클럭'이라는 단어이다.

Rule4 가상화 환경에 맞춰 하드웨어 기능을 최적화하라

가상화를 위한 호스트 서버를 선택, 구매하고 해당 제품을 발주했다면, 프로덕션 환경에 가상화 서버를 배치하기 전에 미리 테스트를 한다. 이때, 하드웨어가 가상화 환경에서 최대 성능을 내기 위해 CPU와 메모리, BIOS를 설정하는 것이 좋다. 그 외에도 사용하지 않는 시리얼 포트 Serial Port나 PCI(Peripheral Component Interconnect, 데이터 버스 표준 규격) 등은 비활성화한다. 하드웨어의 BIOS 설정과 기능 등을 최적화한 후에는 72시간 정도 시험 가동하여 문제가 없는지 확인한 다음 프로덕션 환경에 적용해야 한다.

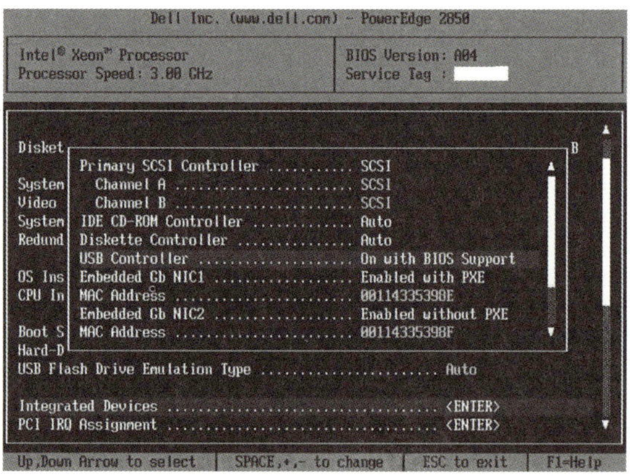

자료출처 : http://kb.open-e.com

[그림 4.3] Dell Server(2850) BIOS 설정화면

Rule5 적합한 가상화 솔루션과 하이퍼바이저를 선택하라

가상화 솔루션은 VM웨어의 'vSphere', 시트릭스의 'Xen', 마이크로소프트의 'Hyper-V'가 주도하고 있다. 각 솔루션에는 장단점이 있으므로 IT조직과 기업 환경에 맞는 솔루션을 선택해야 한다. 이때 각 가상화 솔루션이 제공하는 제품의 다양한 라이선스 버전도 고려해야 한다. 이때 고급 라이선스로 올라갈수록 가용성과 관리 업무의 편의성이 높아진다. 그러나 그만큼 높은 가격을 지불해야 한다. 가상화 솔루션에서 제공하는 일부 고급 기능 중에서는 OS(Operating System) 레벨에서 지원하지 않는 기능도 있다. 그러므로 반드시 현재 인프라와 선택한 솔루션과 에디션으로 충분한지 확인하고 선택해야 한다. 이것은 VM웨어의 'vSphere 5' 중 Enterprise 에디션의 'Hot Add' 기능을 예로 들 수 있다. 'Hot Add'는 가상 머신의 중지 없이 CPU나 메모리의 추가, 변경 작업이 가능한 기능이다. 기존 물리 환경에서는 CPU, 메모리 등의 디바이스를 추가할 때 반드시 다운타임(Down Time, 어떤 장치가 고장으로 인하여 동작 불능으로 지속되는 시간)이 발생했는데, 이 다운타임이 없이 물리 환경을 변경할 수 있다니 참 놀라운 기능이다. 하지만 이 기능이 현업에서 많이 사용될까?

여기서 한가지 상황을 상상해 보자. 운영 중인 게스트 OS가 Windows 2003 Standard 32Bit 버전으로 4GB의 메모리가 할당되어 동작하고 있다. 그런데 해당 게스트 OS의 메모리를 4GB 추가하여 8GB로 증설하려고 한다. 그러나 Windows 2003 Standard 32Bit OS는 OS가 인식할 수 있는 최대치가 4GB이다. 아무리 Hot Add 기능을 사용하여 리소스를 추가해도 OS 레벨에서 이를 지원해 주지 않으면 아무런 소용이 없다. 이처럼 가상화 기술과 OS 레벨의 기능이 일치하지 않으므로 이 부분을 고려하여 여러분의 환경에 맞는 솔루션과 에디션을 선택해야 한다. 그렇지 않다면 여러분이 비싼 할부금과 보험료를 지급하면서도 장보기에만 포르쉐를 끌고 다니는 것과 같다.

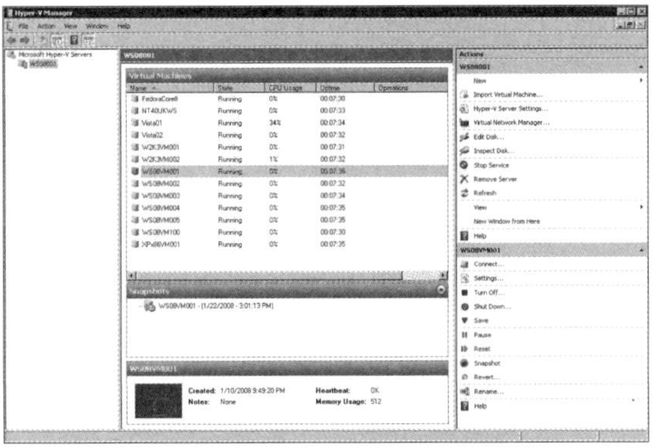

자료출처 : http://www.brianmadden.com

[그림 4.4] Hyper-V Manager 화면

Rule 6 하드웨어 사이징을 위한 CPU와 메모리 리소스의 사용량을 분석하라

기존 물리 환경에서 운영 중인 서버를 대상으로 가상화 도입을 검토한다면, 기존 시스템의 하드웨어 리소스 사용량에 대한 데이터 수집이 필요하다. 이때 시스템의 리소스 사용량 정보가 부정확하거나 부실하면 가상화 설계 시에 필요한 하드웨어 사이징의 작업이 잘못 진행될 수 밖에 없다. 이것은 가상화 서버의 성능과 용량의 문제로 발전하게 된다. 따라서 기존 시스템에 대한 리소스 사용량의 정보 수집은 아주 중요하다.

그렇다면 데이터 수집은 어떻게 이루어져야 할까? 데이터 수집은 시스템의 리소스를 모니터링Monitoring 하는 소프트웨어를 사용하여 일정 기간 데이터를 수집하는데, 최소 2주 이상의 데이터를 기준으로 수집한다. 통상적으로 4주 정도의 데이터를 수집하여 분석하는 것을 권장한다. 데이터 수집 기간이 짧을 경우, 시스템이 사용하는 리소스의 정확한 최대값과 평균값을 추출할 수 없다. 이때 서버 가상화 솔루션을 제공하는 소프트웨어 벤더에서 제공하는 자동화 소프트웨어를 활용하는 것도 좋은 방법이다. 이외에도 오픈 소스Open Source나 서드 파티Third Party에서 제공하는 소프트웨어를 활용하는 방법도 있다. 이 소프트웨어는 시스템의 리소스 정보 수집 외에도 시스템의 모니터링 목적으로 사용되는 소프트웨어로, 이들을 활용하여 리소스 데이터를 수집하기도 한다.

- Novell의 PlateSpin Recon
- Cacti
- Nagios

특별히 어떤 소프트웨어를 사용해야 한다는 정답은 없다. 언급한 소프트웨어들은 모두 가상화를 대상으로 하는 시스템에서 사용 중인 리소스 상태와 데이터를 수집하는데 충분하기 때문이다.

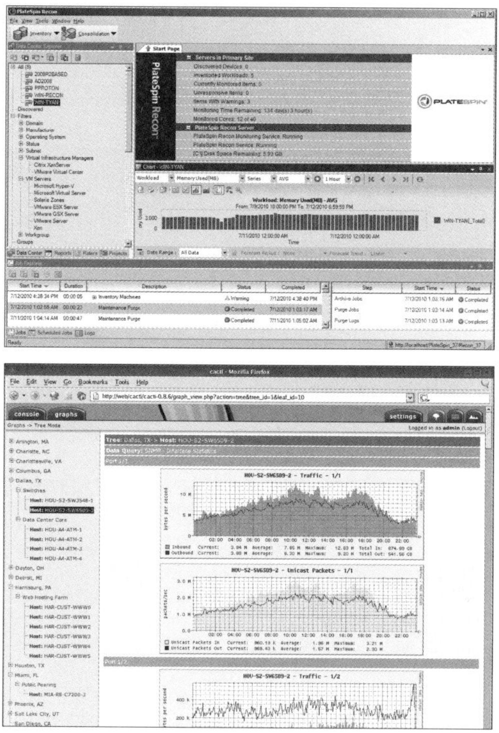

자료출처 : http://en.wikipedia.org/wiki

[그림 4.5] PlateSpin Recon과 Cacti 화면

Rule 7 CPU를 사이징하라

가상화 호스트 서버의 통합 비율은 CPU와 메모리 사이징에 따라 결정된다. 가상화 환경에서 시스템의 리소스 사용량 데이터를 취득한 정보를 바탕으로 호스트 서버에 필요한 CPU사이징을 한다. CPU를 사이징할 때 필요한 기본 정보는 물리적인 CPU 정보인 코어 수, 클럭 수, 해당 시스템의 평균 CPU 사용률, 최대 CPU 사용률 등이다. 이 정보를 토대로 가상화 환경에 필요한 CPU의 리소스 값을 계산한 다음 호스트 서버에 탑재할 CPU의 클럭 수, 코어 수 등의 정보와 호스트 서버의 수 등을 산출할 수 있다. 예를 들어, [표 4.2]처럼 기존의 물리적인 환경에서 운영한 서버들을 가상화 환경으로 마이그레이션할 경우, CPU리소스로 5.38GHz가 필요하다. 호스트 서버를 신규 구매할 때 비슷한 CPU클럭 수를 갖고 있어도 높은 성능을 보장할 수 있다. 이때는 여유분의 물리 서버를 통합운영 계획을 세워도 좋다. 이 경우 호스트 서버가 2.2GHz의 CPU를 탑재하고 있다면 CPU의 코어가 최소한 4코어(약 7.04GHz)인 호스트 서버가 필요하다.

호스트 서버에서 필요한 CPU를 사이징하는 방법은 다음과 같이 공식화할 수 있다.

[표 4.2] 가상화 대상 서버의 CPU 리소스자료

	CPU 소켓 수	CPU 클럭 수	평균 CPU 사용률	필요한 CPU 클럭 수
서버 A	1	2.4GHz	10%	0.24GHz
서버 B	1	2.6GHz	40%	1.04GHz
서버 C	2	2.0GHz	20%	0.8GHz
서버 D	4	3.0GHz	10%	1.2GHz
서버 E	1	1.8GHz	70%	1.26GHz
서버 F	1	2.8GHz	30%	0.84GHz
TOTAL	8			5.38GHz

[표 4.3] 가상화 호스트 서버의 필요한 CPU 리소스

	CPU 코어 수	CPU 클럭 수	최대 CPU 사용률	필요한 CPU 클럭 수
호스트 서버	4	2.2GHz	80%	7.04GHz

- 필요 CPU 리소스 = (CPU 코어 수 × CPU 클럭 수 × 평균 CPU 사용률)의 총합
- 호스트 서버의 CPU 리소스 = 호스트 서버의 CPU 코어 수 × CPU 클럭 수 × 최대 CPU 사용률

물론 각 기업마다 운영 중인 시스템 환경에는 차이가 있다. 그래서 CPU 사이징 공식은 기업의 IT 인프라 환경을 고려하고, 시스템의 종류와 중요도에 따라 다르게 적용하여 산정하는 것이 좋다. 이때 기업마다 시스템의 중요도에 대해 분류하는 기준과 등급 등이 다르다. 예를 들어 시스템의 중요도에 따라 1레벨부터 5레벨까지 분류하여 운영한다고 가정하고, 이 중에서 제일 중요도가 높은 1레벨의 시스템이 있다고 생각해보자. 1레벨 시스템은 24시간 멈춤 없이 운영해야 하는 아주 중요한 시스템인 만큼 리소스 부족으로 인한 성능

저하나 리소스 추가를 위한 다운타임을 줄이는 것이 중요하다. 이때 CPU 사이징 공식을 그대로 적용하기 보다는 일정 비율의 가중치를 적용하거나 최대 CPU 사용률을 적용하여 산정하는 등 가중치를 적용한다. CPU 사이징 작업에서 주의할 점은 CPU 리소스를 100% 활용하지 않는 것으로 계획하는 것이다. 갑작스런 리소스 사용률 증가, 예상치 못한 오버헤드Overhead[3] 등을 고려하여 반드시 20% ~ 40% 정도 여유를 두고 CPU를 사이징해야 한다.

어떤 CPU를 구매할 것인지 충분히 생각해야 한다. 예산이 충분하다면 고민 없이 저전력의 가장 빠르고 가장 높은 캐시를 보유한 CPU를 구매하는 것이 좋다. 그러나 예산이 충분하지 않다면 어떤 기준에 따라 CPU를 구매할지 결정해야 한다. 이때 선택한 CPU는 반드시 가상 머신의 게스트 OS 지원에 기능과 성능 상의 제약이 없어야 한다. 따라서 CPU를 구매할 때는 해당 CPU의 하드웨어 호환성을 미리 체크해야 한다. 이때 가상화 소프트웨어 벤더에게 조언을 구하는 것도 좋다.

TIP

호스트 서버의 CPU 개수는 서버 가상화 소프트웨어의 라이선스Licence 비용과도 관련이 있다. 그래서 물리적인 CPU의 수, CPU 소켓당 코어의 수, 사용할 가상화 소프트웨어의 기능상 제한사항 등을 고려해야 한다.

3) 오버헤드(Overhead) : 시스템에서 해당 효과를 얻기 위해 본질적인 것은 아니지만 요구되는 작동, 또는 그 때문에 필요한 자원.(출처 : 네이버 지식백과)

Rule 8

메모리를 사이징하라

호스트 서버에서 필요한 메모리를 사이징하는 것 역시 서버의 통합 비율을 결정하는 중요한 요소이다. 일반적으로 사용 중인 메모리의 사용률 정보를 취득하여 필요한 메모리 값을 산출한다. 메모리를 사이징할 때는 CPU 사이징과 같이 메모리 리소스를 70%~90% 활용할 계획을 세우는 것이 좋다. 여유 메모리가 없다면 시스템의 리소스 증가로 인한 성능 부족 문제가 발생할 수 있다. 또 호스트 서버의 클러스터 구성에서 장애 극복Failover 발생시 가상 머신이 정상적으로 동작하지 않을 수도 있다.

메모리를 사이징할 때는 몇 대의 호스트 서버로 구성할지 고려해야 한다. 즉, 호스트 서버 1대에 메모리를 높게 책정하여 높은 사양의 적은 호스트로 구성할지, 메모리를 낮게 책정하여 낮은 사양의 호스트를 여러 대 구성할지 등을 고려해야 한다. 이에 대한 정답은 없지만 호스트 서버를 신규로 구매했다면 높은 사양의 적은 호스트 서버로 구성하는 것이 좋다. 호스트 서버 수가 적어지는 만큼 서버 가상화 소프트웨어의 라이선스 비용이 줄기 때문이다. 하지만 기존의 호스트 서버를 업그레이드 하는 경우 비용 면에서 전자가 꼭 좋다고 말할 수 없다. 이처럼 호스트 서버 구성은 기업의 IT 인프라 환경에 맞춰 충분히 검토하고 결정해야 한다.

호스트 서버에서 필요한 메모리를 사이징하는 방법은 다음과 같이 공식화할 수 있다.

[표 4.4] 가상화 대상 시스템의 메모리 리소스 예시

	탑재 메모리 용량	평균 메모리 사용률	필요한 메모리 용량
서버 A	2GB	50%	1GB
서버 B	2GB	50%	1GB
서버 C	8GB	50%	4GB
서버 D	16GB	50%	8GB
TOTAL	28GB		14GB

■ 필요한 메모리 리소스 = (가상 머신에 할당된 메모리 × 메모리 사용률)의 총합 + 서버 가상화 소프트웨어의 메모리 사용량

예를 들어 [표 4.4]의 시스템을 가상화할 때 호스트 서버에 필요한 메모리는 14GB이다. 하지만 호스트 서버의 가상화 소프트웨어 메모리를 400MB로 가정한다면 호스트 서버에서 필요한 메모리는 14GB(전체) + 400MB(가상화 소프트웨어)이다. 이때 메모리 사용률을 약 80%로 책정하면 호스트 서버에 탑재할 메모리는 18GB정도가 적당하다.

Rule 9

호스트 서버를 사이징하라

가상화에 필요한 호스트 서버의 사이징은 가상화를 도입할 때 호스트 서버의 대수를 결정한다. 이 작업을 통해 가상화 통합 비율 등이 결정된다. 호스트 서버 사이징에서 가장 중요한 3요소는 호스트 서버의 CPU, 메모리, 클러스터Cluster를 구성할 때 필요한 잉여 리소스이다. 잉여 리소스는 평소에는 사용하지 않는 리소스로, 필요할 때 새로 할당하거나 사용할 수 있다. 잉여 자원은 가상화 설계자가 잉여 자원을 어떻게 산정할 것인가에 따라 차이가 있다. 잉여 자원의 사이징에 따라 호스트 서버의 클러스터 사이즈, 구성, 가용성 레벨이 달라진다. 호스트 서버의 수는 CPU와 메모리의 사이징 정보를 바탕으로 산출할 수 있다.

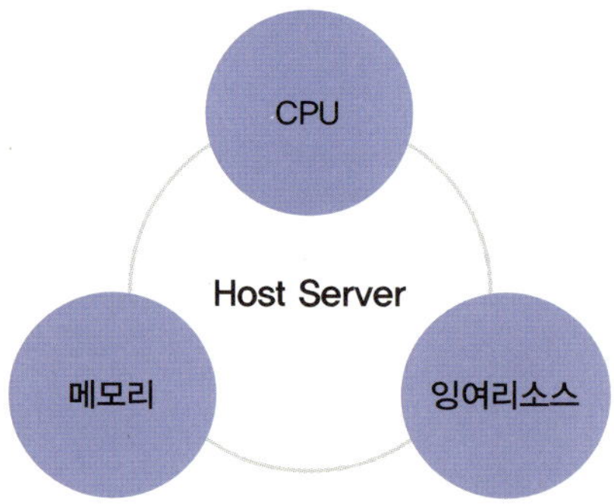

[그림 4.6] 호스트 서버의 3요소

Rule 10 호스트 서버의 파워와 쿨링은 충분한지 확인하라

물리 서버 환경에서 가장 많은 장애가 발생하는 부분은 파워와 쿨링 팬이다. 가상화 호스트 서버도 마찬가지로 파워 연결에서 SPOF(단일고장점)문제가 발생하지 않도록 체크하는 것이 좋다. 데이터센터 내의 랙에 대해 충분한 파워와 쿨링을 갖추고 있는지 확인해야 하고, 호스트 서버가 충분히 여유 있는 파워와 쿨링을 갖추고 있는지 확인해야 한다. 호스트 서버를 블레이드 서버로 구성할 계획이라면 파워와 쿨링 팬에 문제가 발생했을 때 호스트 서버에 장애가 발생하는지 체크해야 한다.

자료출처 : http://www.datacenterjournal.com
자료출처 : http://www.buildablade.com

[그림 4.7] 호스트 서버의 파워와 쿨러

Rule 11

Scale Up vs. Scale Out

스케일 업은 서버 자체를 증강하여 처리 능력을 향상시키는 것으로, 프로세서 자체를 고성능 모델로 옮겨 놓는 것을 말한다. 스케일 아웃은 접속된 서버의 대수를 늘려 처리 능력을 향상시키는 것이다. 웹 서버 펌으로 사용되는 랙 마운트 서버군에 서버를 추가하는 것이나 브레이드 서버에 브레이드를 추가하는 것 등이 전형적이다.[4)]

가상화 호스트 서버 모델 Scale Up과 Scale Out 중 어느 것을 선택하는 것이 좋을까? 결론부터 말하면 어느 것이 좋다고 단정짓기는 어렵다. 각 기업의 IT 인프라 규모와 환경이 다르기 때문에 기업 환경에 맞는 방법을 선택하는 것을 추천한다. 그렇다면 지금부터 Scale Up과 Scale Out의 특징을 살펴보자.

1. 스케일 업의 특징

① 상대적으로 저렴한 비용

비용 문제는 스케일 업Scale Up을 선택하는 가장 큰 이유 중 하나이다. 일반적으로 4소켓 8코어의 CPU가 1소켓의 2코어 CPU보다 비싸다. 하지만 물리적인 소켓 1개를 추가 증설, 코어 수가 높은 CPU로 교체, RAM을 증설하는 것은 물리적인 서버 1대를 구매하는 것보다 저렴하다. 물론 비용은 하드웨어 벤더와 모델에 따라 다를 수 있다.

4) 출처 : 백과사전

② 낮은 소프트웨어 라이선스 비용

대부분의 가상화 솔루션의 라이선스는 호스트 서버의 물리적인 CPU 소켓을 바탕으로 하기 때문에 CPU의 소켓 수가 적을수록 라이선스 비용도 저렴해진다. 또 마이크로소프트의 윈도우 운영체제를 게스트 OS로 운영 중이라면 소프트웨어 라이선스 비용도 저렴해진다.

③ 높은 서버 통합 비율

높은 사양의 호스트 서버일수록 가상화 호스트 서버에서 운영할 수 있는 가상 머신의 수는 늘어난다. 또 높은 사양의 서버는 가상화 통합 비율을 높이기도 한다. 하지만 호스트 서버에 장애가 발생했을 때 잠재적 위험성Risk도 높아진다.

④ 보다 적은 I/O 케이블링

가상화 호스트 서버가 증가할수록 그 만큼의 네트워크와 스토리지의 케이블 연결이 필요하다. 하지만 높은 사양의 호스트 서버로 스케일 업할 경우 별도의 네트워크와 스토리지의 케이블 연결이 필요 없다. 케이블링이 적어지면 관련 부서의 업무 부담을 줄이고 업무 효율성을 높인다.

⑤ 상대적으로 적은 전력, 쿨링, 적은 공간

일반적으로 스케일 업은 서버 자체가 증가하여 대수가 늘어나는 것이 아니다. 그래서 데이터센터 내에서 사용하는 전력과 쿨링은 스케일 아웃Scale Out보다 적다. 또 데이터센터의 서버가 차지하는 공간 역시 상대적으로 적다.

2. 스케일 아웃의 특징

① 호스트 서버의 장애 시 보다 적은 영향

같은 수의 가상 머신이 스케일 업으로 확장한 호스트 서버와 스케일 아웃으로 확장한 호스트 서버로 있다고 가정해 보자. 이때 스케일 아웃으로 확장한 호스트 서버에서 동작 중인 가상 머신의 수가 상대적으로 적을 것이다. 즉 스케일 아웃이 호스트 서버 당 가상 머신의 수가 적기 때문에 호스트 서버에 장애가 발생했을 때 상대적으로 적은 영향을 받는다.

② 보다 저렴한 호스트의 가외성

대부분의 회사가 N+1 방식의 호스트 서버의 가외성Redundancy 정책을 갖고 있다. 이 정책은 대규모 환경에서 긴급 장애가 발생했을 때 신속하게 대응할 수 있다. 가외성 정책은 비교적 저렴한 비용으로 가용성을 높이는 방법 중 하나이다.

③ 다운타임의 감소

스케일 업은 호스트 서버의 부품을 증설하거나 교체할 때 유지 · 보수를 위한 다운타임이 발생한다. 반면에 스케일 아웃은 낮은 사양의 호스트 서버로 쉽고 빠르게 증설할 수 있다. 이 작업 덕분에 다운타임의 발생을 막을 수 있다. 물론 가상화 솔루션의 제품과 라이선스 버전에 따라 다운타임을 없앨 수도 있다. 하드웨어의 유지보수 작업 시 다운타임을 없애는 VM웨어 'vSphere'의 'vMotion'과 같은 고급 기능도 있다.

지금까지 스케일 업과 스케일 아웃의 특징을 설명했는데, 다음 표에서 좀 더 간단하게 확인할 수 있다.

스케일 업은 호스트 서버의 물리적인 CPU 보다는 메모리를 증설하는 경우가 많다. 그래서 가상화 설계 시 기존 재활용 서버들을 대상으로 스케일 업을 진행한다. 반면, 스케일 아웃은 서버의 라이프 사이클에 맞춰 서버 교체 방법으로 자주 사용한다. 필자의 경험에 따르면 재활용 서버를 대상으로 4~8개의 물리적인 CPU로 스케일 업하는 것보다, 2개의 물리적인 CPU를 사용하여 스케일 아웃하는 것이 훨씬 실용적이다.

[표 4.5] **스케일 업과 스케일 아웃 비교**

	Scale Up	Scale Out
비용	낮은 비용	높은 비용
용량 및 확장성	• 확장, 증설할 수 있는 디바이스가 한정됨 • 디바이스 단위, 호스트 서버 단위의 확장으로 확장성에 제약이 있음	• 호스트 서버, 클러스터 단위의 확장에 제약이 없음
성능	보통	높음
관리 및 복잡성	변화 없음	증가
가용성	변화 없음	높아짐
다운타임	발생함	발생하지 않음
클러스터 구성	적은 수, 고사양의 호스트 서버로 구성	많은 수, 중간 또는 저사양의 호스트 서버로 구성

MEMO

Chapter 5
네트워크 설계의 핵심법칙 6

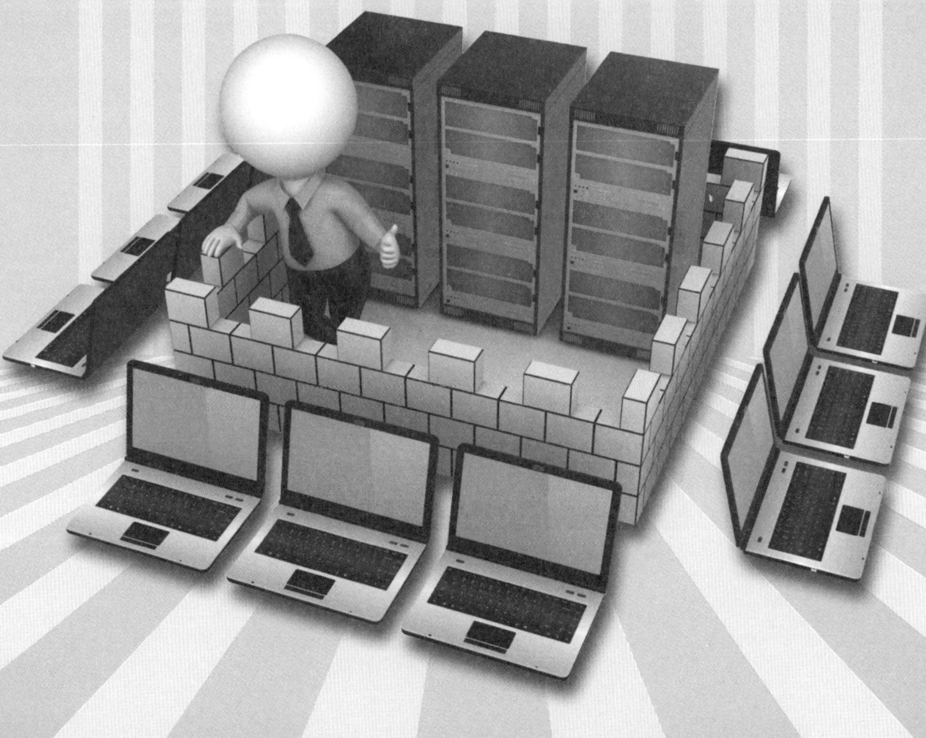

네트워크 설계의 핵심법칙 6

Project

네트워크 설계는 애플리케이션, 시스템, 스토리지 등
IT 분야의 다양한 요구 사항을 만족해야 하며,
기업의 IT 서비스와 이를 제공하거나 제공받는 사용자의
요구사항도 충족할 수 있어야 한다

1. 아키텍처를 이해하라
2. NIC 티밍을 활용하여 이중화하라
3. 네트워크 세그먼트를 분리하라
4. VLAN을 활용하라
5. 1GbE와 10GbE를 비교하여 선택하라
6. 네이밍과 IP Conventions (규칙에 따라 IP 주소를 생성하라)

네트워크 설계의 핵심법칙 6

"

네트워크 설계는 애플리케이션, 시스템, 스토리지 등 IT 분야의 다양한 요구사항을 만족해야 한다. 또 기업의 IT 서비스와 이를 제공하거나 제공받는 사용자의 요구사항도 충족해야 한다. 가상화의 서버 통합은 네트워크 포트, NIC(Network Interface Card, 네트워크 어댑터, 랜카드)의 수, 서버와 연동되는 다른 네트워크 장비의 수를 줄여 네트워크와 관련된 비용을 절약한다. 가상화의 네트워크 설계는 이처럼 경제적인 효과를 바탕으로 설계해야 한다. 예를 들어 VLAN(Virtual LAN, 가상 랜)과 함께 활용하는 10GbE(Gigabit of Ethernet, GB의 10배 속도) 기반의 네트워크 환경은 상대적으로 높은 초기 비용이 필요하다. 그러나 여러 개의 1Gb NIC를 사용하는 1GbE 기반의 네트워크 환경보다 성능, 운영, 관리 측면에서 훨씬 효율적이다.

가상화 환경에서 좋은 네트워크 설계는 여러 IT 기기와의 연동Connectivity, 대역폭Bandwidth, 대기 시간Latency, 가용성Availability, 비용Cost에 대한 요구사항이 모두 충족된 설계를 말한다. 이 요구사항이 충족되면 기존 네트워크 인프라 환경보다 가용성과 효율성이 높아지고, 보안에 취약한 부분이 보완되며 비용이 절감된다. 물론 가상화 환경에서 네트워크 설계는 네트워크 관리자의 업무 지식이 필요한 부분이다. 그래서 반드시 네트워크 관리자와 협의를 통해 네트워크 설계를 해야 한다. 이 장에서는 가상화 환경의 네트워크 설계 및 구축에서 중요한 부분을 중점적으로 설명한다.

"

Rule 1 아키텍처를 이해하라

가상화 환경에서 네트워크 설계는 물리적인 스위치, 네트워크 어댑터 장애에 의해 서비스가 중지되지 않도록 구성하는 것이 중요하다. 가상화 환경의 네트워크 설계는 물리적 네트워크 환경과 가상화 환경에서의 네트워크 환경의 관점에서 설계해야 한다. 물리적 네트워크 환경은 물리적인 호스트 서버, 네트워크 스위치의 시스템 구성에 문제점이 없는지 중점적으로 검토해야 한다. 가상화 네트워크 환경은 호스트 서버의 물리적인 네트워크 어댑터와 호스트 서버 내의 가상 네트워크 어댑터의 연결, 가상 스위치의 생성, 가상 머신과 가상 스위치의 연결과 구성에 문제가 없는지 검토해야 한다.

기존 물리적인 환경에서 운영 중인 서버에 네트워크 세그먼트Network Segment를 추가하려면 새 네트워크 어댑터의 추가, 스위치 장비 준비, 케이블 연결 등의 작업이 필요했다. 그러나 가상화 환경에서는 가상화 네트워크와 가상 머신의 네트워크 설정 등을 변경하여 비교적 간단하게 네트워크 세그먼트를 추가할 수 있다. 이처럼 가상화 환경에서 네트워크 설계는 호스트 서버와 네트워크 기기의 연결, 네트워크 대역폭, 대기 시간, 가용성, 비용 및 운영 방법 등 다양한 요소를 고려해야 한다. 또 네트워크 관리자의 업무 범위가 일정 부분 포함되어 있으므로 네트워크 관리자와의 협업도 필요하다. 이때 가상화 담당자는 네트워크 관리자와 충분히 이야기를 할 수 있을 정도로 일정 수준의 네트워크 지식이 필요하고, 네트워크 용어도 충분히 이해해야 한다.

Rule 2 NIC 티밍을 활용하여 이중화하라

NIC 티밍Teaming은 기존 물리적인 환경에서 주요 서비스를 운영할 때 많이 사용하는 네트워크 운영 방법이다. NIC 티밍은 2개 이상의 물리적인 네트워크 인터페이스를 하나로 묶어 가상의 네트워크 인터페이스를 생성하고, 하나의 네트워크 인터페이스처럼 사용하는 기술이다. ([그림 5.1] 참조)

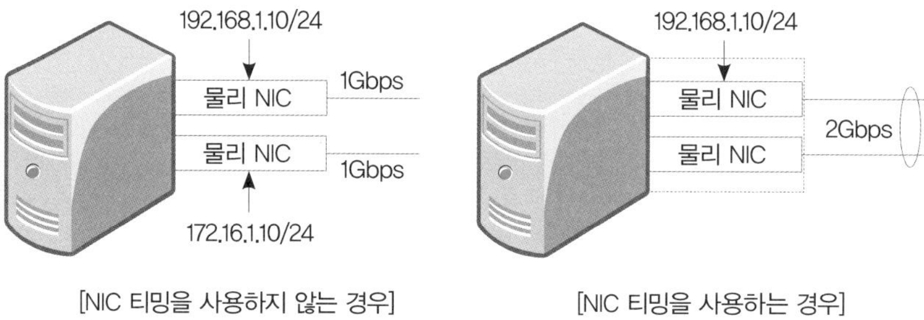

[그림 5.1] NIC 티밍을 사용하지 않는 경우와 NIC 티밍을 사용하는 경우 비교

NIC 티밍을 사용하면 다음과 같은 장점을 얻을 수 있다.

- Fault Tolerance(내결함성)
- Load Balancing(부하분산)
- Link Aggregation(네트워크 이중화)

Fault Tolerance

여러 개의 네트워크 어댑터 중 한 개에 장애가 발생해도 다른 네트워크 어댑터로 네트워크 통신을 할 수 있다. 즉 2개의 물리적 NIC가 있다고 가정하고, 첫 번째 물리 NIC는 제 1 NIC Primary로써 활성 상태 Active로 지정한다. 이때 다른 물리 NIC는 제 2 NIC Secondary로써 대기 상태 Standby로 지정하면 제 1 NIC에 장애가 발생해도 제 2 NIC를 통해 통신이 가능하다.

Load Balancing

서로 다른 물리적인 NIC를 묶어 하나의 가상 NIC를 생성함으로써 단일지점장애를 피할 수 있다. 또 여러 물리 NIC를 사용하여 트래픽의 부하를 분산한다. 즉 통신세션 마다 복수의 물리 NIC에 트래픽을 분산시키는 방식으로 각각의 각 통신은 물리 NIC 1개만으로 처리됨으로 동시에 복수의 NIC를 사용하여 단위 시간당 처리량 Throughput이 향상된다.

Link Aggregation

Load Balancing과 마찬가지로 단일지점장애를 피한다. 여러 개의 물리 NIC를 사용하여 사용할 수 있는 네트워크 대역폭을 증가시키는 방식이다. 이때 네트워크 스위치 측에서도 Link Aggregation의 설정이 필요히디.

그러나 호스트 서버의 네트워크 인터페이스가 NIC 티밍을 활용하더라도 호스트 서버와 연결된 네트워크 스위치가 단일 구성되면 단일지점장애가 발생한다. 그래서 네트워크 레벨에서도 반드시 이중화 구성을 고려해야 한다. 서버 측의 물리 NIC에 장애가 발생했을 때 탐지가 가능하지만, L2스위치와 상위의 L3스위치 간의 링크에서 장애가 발생했을 때는 탐지할 수 없으므로 패킷이 드롭Drop될 수 있다. 따라서 이 문제를 예방하기 위해 네트워크 관리자와 상의하고 링크 스테이트 트래킹을 사용한 구성, 스패닝을 사용한 네트워크 구성을 고려하는 것이 좋다. 이때 링크 스테이트 트래킹은 스위치에서 지정한 링크(예 : 상위 링크)에 장애가 발생하면 관련된 링크(예 : 하위 링크)를 강제로 다운시키는 것을 말한다.

TIP

리눅스 서버 관리자는 본딩Bonding, 네트워크 관리자는 채널링Channeling이라고도 한다. NIC 티밍을 사용하는 방법과 설정은 각 하드웨어 벤더에 따라 조금씩 다르므로 유의해야 한다.

NIC 티밍을 사용하는 경우와 사용하지 않는 경우를 간단히 비교해 보면 다음과 같이 정리할 수 있다.

[표 5.1] NIC 티밍을 사용한 경우와 사용하지 않은 경우 비교

구분	설명
NIC 티밍을 사용하지 않는 경우	서로 다른 네트워크 인터페이스가 독립적으로 작동하며, 각각의 네트워크 인터페이스에 대한 단일장애지점이 존재한다.
NIC 티밍을 사용하는 경우	서로 다른 네트워크 인터페이스가 하나의 가상 NIC으로 동작함에 따라 단일장애지점을 피할 수 있으며, 네트워크 대역폭의 사용에 대해 성능 향상의 효과를 얻을 수 있다.

Rule 3 네트워크 세그먼트를 분리하라

대규모 환경인 IT 조직과 기업의 네트워크 관리자들은 네트워크 세그먼트를 분리하여 운영한다. 대부분 서비스나 용도에 따라 구분하여 운영한다. 이처럼 가상화에서도 네트워크 세그먼트의 분리 운영을 기준으로 설계해야 한다. 가상화 환경은 기존 물리 환경과는 달리 가상 머신, FT와 HA, 라이브 마이그레이션, 스토리지, 매니지먼트 등의 네트워크 트래픽이 추가된다. 다양한 타입의 네트워크 트래픽의 세그먼트를 분리함으로써 대기시간Latency을 감소시킬 수 있다. 이때 대기 시간이 줄어듦에 따라 스토리지의 성능 저하를 피할 수 있다. 애플리케이션과 서비스에 따라 다르겠지만 높은 대기시간은 가상 머신의 성능을 저하시킨다. 또 문제 개선을 위해 구성을 변경할 때 많은 작업이 필요할 수 있으니 설계 단계에서부터 이 점을 고려해야 한다. 네트워크 세그먼트를 몇 개로 분리할 것인지 고민을 할 때에는 물리 NIC의 수, 스위치의 수, 포트와 케이블, 현재 네트워크 대역폭이 충분한지, 증설이 필요한지도 조사하고 설계에 반영해야 한다.

Rule 4 VLAN을 활용하라

기존의 물리 시스템 환경에서는 각 네트워크 세그먼트에 물리적 스위치를 설치해야 했다. 그러나 가상화 시스템 환경에서는 동일한 네트워크 세그먼트를 사용하는 가상 머신을 그룹화하고 포트 그룹화하여 VLAN(Virtual LAN, 가상랜)을 사용하므로 물리적 스위치가 필요 없다. 이처럼 가상화 환경에서 VLAN을 활용하면 기업의 네트워크 환경이 물리적 환경에 좀 더 유연하게 대처할 수 있다. VLAN 활용은 다음과 같은 장점을 제공한다.

- 물리적인 포트와 네트워크 케이블 수의 감소
- 유연하고 쉬운 네트워크와 서버의 구성 변경
- 서버와 네트워크 관리 비용 절감

이처럼 VLAN은 이점이 많지만, 반대로 위험요소도 있다. 수많은 가상 머신과 서비스가 하나의 포트를 공유하므로 포트에 장애가 발생하면 수많은 가상 머신과 서비스의 장애로 발전할 수 있다. 따라서 VLAN 환경에서 네트워크의 Redundancy 구성은 아주 중요하다.

TIP

참고로, VLAN을 사용하려면 물리적인 스위치가 반드시 802.1Q 표준을 지원해야 한다.

Rule5 네이밍과 IP Conventions(규칙에 따라 IP 주소를 생성하라)

일반적으로 서버의 호스트명은 정해진 규칙에 따라 생성한다. 이처럼 VLAN을 포함한 네트워크 구성요소의 이름도 일관적인 규칙에 따라 직관적으로 파악할 수 있도록 생성해야 한다. 그렇지 않으면 관리자가 변경되었을 때 직관적으로 파악할 수 없는 이름 때문에 업무가 복잡해질 수 있다. IP 주소를 생성할 때도 마찬가지이다. 반드시 일정한 규칙에 따라 생성하고 관리해야 한다. 처음에는 익숙하지 않아 불편할 수 있지만, 시간이 지날수록 관리자의 업무 부담을 줄일 수 있다.

[표 5.2] VLAN 이름 표기의 예

나쁜 예		좋은 예	
구분	VLAN 이름	구분	VLAN 이름
Service A	VLAN_1322	Service A	A_VLAN_1101
Service B	VLAN_1356	Service B	B_VLAN_1201
Service C	1331_VLAN	Service C	C_VLAN_1301
Service D	VLAN1334	Service D	D_VLAN_1401

Rule 6 1GbE 와 10GbE를 비교하여 선택하라

기존의 1GbE 인프라 환경에서 가상화 도입과 동시에 10GbE인프라 환경으로 변경을 검토하는 IT 관리자가 많다. 기존의 인프라 환경을 10GbE로 변경하는 것은 많은 비용이 소모되기 때문에 충분히 고민하고 검토해야 한다. 그렇다면 올바른 결정을 위해 무엇을 어떻게 검토해야 할까?

첫 번째는 바로 네트워크 케이블이다. 10GbE 기반에서는 1GbE와 다른 타입의 네트워크 케이블인 Cat-6 케이블을 사용한다. 따라서 기존 데이터센터 내의 1GbE 환경에서 수 백대의 서버를 운영하고 있었다면 10GbE로 변경에 따라 케이블도 교체해야 한다. 이때 케이블 교체 비용만도 엄청난 비용이 필요하다. 물론 물리 환경에서 운영하던 서버를 가상화 환경으로 전환하며 서버의 수가 감소하기 때문에 비용이 적을 것이라 생각할 수도 있지만, Cat 6 케이블은

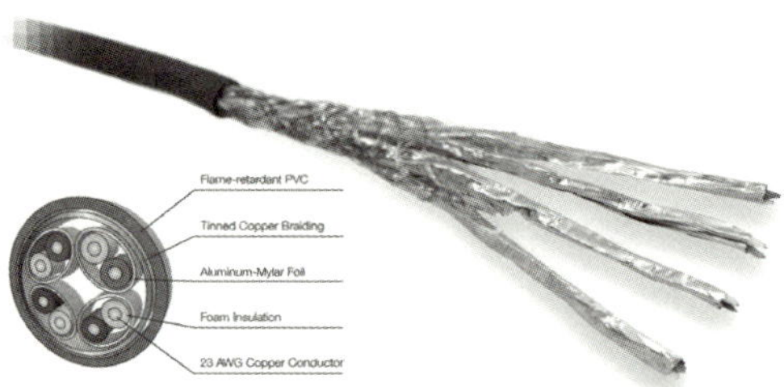

자료출처 : http://keydigital.com

[그림 5.2] Cat 6 케이블

Cat 5 케이블 보다 가격이 높다. 그렇기 때문에 수백 대의 물리 환경을 가상화 환경으로 전환하려면 케이블 비용 문제는 쉽게 생각해선 안 될 문제이다.

두 번째는 네트워크 스위치이다. 현재 시스코를 비롯한 벤더들이 10GbE를 지원하는 기기를 제공하지만 가격은 여전히 높다. 그래서 가상화를 도입했을 때를 기준으로 기존 네트워크 스위치의 감소 수, 10GbE 지원 여부, 10GbE를 지원하는 네트워크 장비로 교체했을 때 비용 등을 계산해야 한다. 이 과정에서 네트워크 팀과 예산과 운영을 협의해야 한다. 이 과정은 가상화 설계 보다는 네트워크 설계의 한 부분으로 받아들이고 진행하는 것이 좋다.

자료출처 : http://archive.openflow.org

[그림 5.3] 10GbE를 지원하는 네트워크 스위치

세 번째로, 네트워크 대역폭이다. 가상화를 도입할 때 기존의 1GbE 환경에서도 네트워크 대역폭이 충분한지 살펴봐야 한다. 만약 대역폭이 충분함에도 불구하고 10GbE로 전환하는 것은 올바른 결정이 아니다. 하지만, 가상화를 도입함에 따라 가상화 관련 트래픽(예 : 스토리지, 가상 머신 및 가상 머신의 라이브 마이그레이션, 매니지먼트 포트 등)이 추가되어 기존 대역폭이 부족할 것이라 예상한다면 10GbpE로 변경하는 것이 좋다. 10GbE로 변경하려면 네트워크 대역폭을 용도에 따라 구분할 방법을 검토해야 한다. 이때 대역폭의 할당이 높은 순서로(스토리지 〉 가상 머신 〉 가상 머신의 라이브 마이그레이션 〉 FT 기능(필요시) 〉 매니지먼트 포트) 나누는 것이 좋다. 가상 머신이 증가하면 스토리지의 성능에 영향을 준다. 이때 가상 머신의 유지보수 작업이나 장애 대응 시 실시간 라이브 마이그레이션을 사용하는데, 작업을 빠르게 완료하기 위해 안정된 네트워크 대역폭의 확보가 절대적으로 필요하기 때문이다.

이 밖에도 10GbE로 변경할 때 검토해야 할 부분은 많다. 기업의 네트워크 팀이 10GbE 기반 환경에서의 운영 경험과 지식이 충분한지, 기업의 네트워크 환경을 유지 · 보수하는 파트너가 이에 대해 충분히 지원할 수 있는지, 유지 · 보수 비용이 증가하는지 등도 함께 검토해야 한다. 이처럼 네트워크 환경을 10GbE로 전환하는 것은 많은 비용과 리소스가 투입되는 큰 작업이다. 일반적으로 네트워크 환경은 한번 구축하면 오랜 기간 지속되는 라이프 사이클 Life Cycle을 갖고 있으므로 신중히 접근해야 한다.

Chapter 6

스토리지 설계의 핵심법칙 7

스토리지 설계의 핵심법칙 7

Project

스토리지는 가상화의 구성요소 중에서
가장 높은 비용을 차지하고, CPU나 메모리보다
가상 머신의 성능을 좌우한다.
스토리지의 설계에 따라 가상화의 확장성, 가용성, 성능에
영향을 받기 때문에 신중하게 접근해야 한다

1. 가상화에 대한 조직 내 저항감을 없애라
2. 스토리지를 사이징하라
3. 용도에 따라 디스크 타입을 구분하라
4. 적합한 RAID 타입을 선택하라
5. 적합한 스토리지 타입을 선택하라
6. 씬 프로비저닝 기술을 사용하라
7. 멀티패스를 사용하라

스토리지 설계의 핵심법칙 7

"

스토리지는 가상화의 구성요소 중에서 가장 높은 비용이 필요하다. 또 CPU나 메모리 이상으로 가상 머신의 성능을 좌우하므로, 신중하게 접근해야 한다. 스토리지의 설계에 따라 가상화의 확장성, 가용성, 성능에 영향을 받는다. 만약 문제점이 발생하여 스토리지를 업그레이드하거나 교체할 때에는 높은 비용과 많은 리소스가 소요된다. 이것은 비용 문제뿐만 아니라 IT 관리자의 업무 부담도 급증하게 만든다. 스토리지 설계는 가상화 설계에서 가장 많은 시간과 검증을 거쳐야 하는 부분으로, 모든 가능성을 열고 작업하는 것이 좋다.

"

Rule 1 스토리지 설계 원칙을 세워라

스토리지 설계는 다음 3가지 요소를 검토하고 진행한다. 첫 번째는 가용성의 검토이다. 서비스 운영 중에 발생한 스토리지 장애는 운영 중인 시스템의 정지나 데이터의 손실로 이어진다. 따라서 중요 데이터의 보호 여부를 검토하고, 요구 레벨에 따라 시스템이 정지해도 문제없는 시간을 산정하여 원하는 가용성의 목표치를 만족할 수 있어야 한다. 두 번째는 용량과 확장성의 검토이다. 가상화를 도입하고 최소 1년 안에 용량 문제가 발생하지 않도록 사전에 산정해야 한다. 또 데이터의 증가에 따라 확장이 필요할 경우 재설계 과정 없이 용이하게 확장할 수 있어야 한다. 세 번째는 성능의 검토이다. 높은 성능을 요구하는 애플리케이션을 가상 머신으로 운영할 경우, 대기시간이 발생하여 사용자에게 불편을 줄 수 있다. 따라서 검토 중인 스토리지가 어느 정도의 성능을 지원하는지 검토해야 한다. 일반적으로 데이터베이스 등의 애플리케이션은 트랜잭션Transaction, 작업(단계)을 빠르게 처리해야 한다. 그러므로 가상 머신에 따라 스토리지의 성능을 점검해야 한다.

지금까지 설명한 가용성, 용량과 확장성, 성능 검토는 결국 비용 문제와 연결된다. IT 관리자에게 비용 문제는 가장 쉬우면서도 어려운 부분이다. 좋은 제품은 가격이 비싸다는 사실은 누구나 알고 있다. 그래서 기업의 IT 관리자는 높은 비용이 소요되더라도 안정적인 스토리지로 구축하려 하지만, 기업의 경영진은 낮은 비용으로 안정적인 스토리지를 구축하려 한다. 결국 기업의 IT 예산이 무제한으로 책정되어 있는 기업은 없다. 그래서 기업의 가상화 관련 예산은 스토리지의 가용성, 성능, 용량과 확장성에 의해 좌우된다. 이때 스토리지 설계 과정에서 비용에 너무 얽메여 안정성과 성능이 저하되지 않도록 주의해야 한다. 따라서 가장 좋은 설계란 기업의 IT 환경에 따른 최적의 제품을 찾고, 가능한 낮은 비용으로 필요한 가용성과 성능을 구현하여, 충분한 스토리지 용량을 확보하는 것이다. 이때 최적의 제품을 찾아 설계를 구현하는 것은 경영진이나 재무 관리자가 할 수 있는 작업이 아니다. 이 작업은 오직 기술을 이해하고 있는 IT 관리자나 가상화 설계 담당자만 할 수 있다. 그래서 IT관리자는 기업의 경제적인 부분을 고려하며 설계에 참여해야 한다.

만약 위의 3가지 요소 중에서 우선순위를 정하고 예산을 조정할 계획이라면 가용성을 1순위로 정하는 것을 추천한다. 스토리지의 성능과 확장성이 충분히 보장되어도 가용성이 보장되지 않아 매번 장애가 발생한다면, 높은 비용을 들여 구축한 가상화 시스템이 아무 소용없기 때문이다. 따라서 스토리지 설계 원칙 중 가용성을 최우선에 두고 진행하는 것이 좋다.

[표 6.1] 가용성에 따른 연간 다운타임

가용성 %	연간 다운타임
90%	36.5일
99%	3.65일
99.5%	1.83일
99.9%	8.76시간
99.99%	52.6분
99.999%	5.26분

Rule 2 스토리지를 사이징하라

대부분의 기업은 정보 보안, 통제, 관리를 위해 데이터를 중앙에서 보관하고 운영하는 것을 선호한다. 그래서 많은 데이터가 스토리지 환경에서 운영되고 있다. 물론 로컬 디스크에도 많은 데이터가 보관되어 있다. 기존의 인프라 환경을 가상화 환경으로 마이그레이션을 진행할 때 데이터의 보관과 운영 · 관리 방법에 대해 살펴 보자. 데이터는 각각 다른 위치에 중복 저장되거나 한번도 열어보지 않은 오래된 데이터가 보관된 경우가 많다. 결국 데이터를 백업할 때 성능, 시간, 디스크 공간, 비용 등의 문제가 발생하는 원인이 된다. 이때 일부 기업은 가상화 프로젝트의 기간 단축을 위해 불필요한 데이터를 제거하지 않고 진행하기도 한다. 그러나 필요 없는 데이터를 제거하지 않으면 결국 불필요한 비용을 지불하게 된다. 스토리지 설계 과정에서 필요한 스토리지 사이징을 하려면 기업 내부의 불필요한 데이터를 제거해야 한다. 또 오래되거나 한번도 열어보지 않았지만 지울 수 없는 데이터는 압축하거나 미디어로 보관하여 스토리지나 로컬 디스크의 데이터 크기를 줄이는 것이 좋다. 이 작업은 스토리지의 도입 비용을 절약할 수 있다. 가능하다면 이때 데이터 보관과 분류 체계를 만들어 가상화 도입 이후에도 데이터를 체계적으로 관리하는 것이 좋다. 불필요한 데이터는 스토리지 확장과 성능에 위험요소로 작용할 수 있으니 삭제해야 한다.

불필요한 데이터를 삭제한 후에는 가상화에 필요한 스토리지 공간을 사이징하는데, 이때 다음은 요소를 고려해야 한다.

- **물리 서버의 대 수와 각 서버에서 사용하고 있는 로컬 디스크의 용량 합계**

  기존 물리 서버 환경을 가상화로 전환할 때 운영 중인 물리 서버는 몇 대 인지, 각 물리 서버에서 사용 중인 로컬 디스크의 용량은 얼마인지 파악한다.

- **백업, 소프트웨어, 이미지 등을 위한 데이터 보관 용량**

  각 가상 머신의 백업이나 가상 머신을 생성 배포할 때 사용하는 소프트웨어, 파일 등의 데이터를 보관하기 위한 용량을 고려한다.

- **가상화 솔루션에서 필요한 디스크 사용량**

  가상화 솔루션에서 사용하는 용량으로, 가상 머신의 템플릿과 가상 머신을 관리할 때 필요한 데이터의 용량을 고려한다.

- **연간 서버 구매 대수와 디스크 사용량의 증가율**

  기업마다 다르지만 최소 지난 3년간의 서버 구매 이력을 바탕으로 연간 서버 증가율을 파악한다. 이때 기존에 구매한 서버의 로컬 디스크 용량이 부족하여 추가로 구매한 경우는 없었는지 파악한다.

- **디스크의 확장을 고려한 유효 사용 기간**

  일반적인 물리 환경에서는 디스크나 스토리지를 4~5년간 사용하고, 감가상각減價償却과 노후화를 고려하여 새 기기로 변경한다. 이처럼 가상화를 도입한 후에는 해당 스토리지나 디스크를 몇 년간 사용할 것인지 고려해야 한다.

지금까지 설명한 요소를 고려하면 가상화의 스토리지에 필요한 디스크 용량을 산정할 수 있다. 스토리지에 필요한 용량을 산정할 때에는 100% 딱 맞춰 산정하지 말고 조금의 여유를 두어야 한다. 그러나 여유 용량을 너무 높이 산정하면 그만큼 많은 비용을 지불해야 하니 이점을 유의해야 한다.

Rule3 용도에 따라 디스크 타입을 구분하라

앞서 설명했듯이, 스토리지의 용량을 너무 높게 산정하면 그만큼 많은 비용을 지불해야 한다. 스토리지를 효율적으로 설계하려면 데이터의 종류와 서비스 대상을 티어Tier별로 구분하고, 각각 다른 타입의 디스크를 구매해야 한다. 이때 기업의 환경에 따라 티어 레벨의 수가 달라지는데, 일반적으로 외부 서비스와 내부 서비스 용으로 구분한다. 외부 서비스와 내부 서비스는 또 다시 2그룹으로 나뉜다. 결국 몇 개의 티어 레벨로 나눌 것인지는 기업 환경에 달려 있다. 그래서 용도나 서비스에 따라 티어를 구분하고, 디스크 타입을 선택하여 스토리지를 설계해야 한다. 만약 내부 테스트나 단순히 데이터를 보관하기 위해 높은 디스크 성능을 보장하는 SSD 타입을 사용한다면 예산 낭비인 것이다. 이처럼 단순 테스트 등의 데이터는 디스크 성능이 조금 낮은 타입을 선택하는 것이 좋다.

자료출처 : http://interbolt.eu

[그림 6.1] 여러가지 서버용 HDD

Rule 4 적합한 RAID 타입을 선택하라

기업의 중요한 정보와 데이터를 가진 시스템에서 디스크 장애 등의 문제를 피하기 위해 일반적으로 많이 사용하는 방법 중 하나가 RAID(Redundant Arrays of Independent Disk)[5] 이다. 기본적으로 모든 시스템은 RAID를 필수로 적용하여 시스템을 운영하고 있다. RAID의 종류에 따라 시스템에서 사용할 수 있는 디스크의 용량, 디스크 가용성의 범위, 디스크의 읽기 · 쓰기 성능에도 차이가 있다. 이것은 비용과 연결된다. 스토리지를 도입할 IT 관리자는 기업의 IT 환경에 맞는 최적의 RAID 레벨을 선택하기 위해 RAID레벨의 특징을 이해하고 스토리지를 설계해야 한다. 그렇지 않으면 디스크의 성능, 가용성, 비용의 문제가 발생할 수도 있다. 일반적으로 많이 사용하는 RAID 레벨은 RAID 0, RAID 1, RAID, 5, RAID 6, RAID, 10 등이며 이들의 특징을 간단히 설명하면 다음과 같다.

■ RAID 0

데이터를 블록 단위로 분할하여 복수複數의 디스크에 분산시켜 데이터를 기록하는 방식으로, 데이터가 띠 모양으로 배치되어 스트라이핑Striping이라고 한다. 분산된 데이터를 동시에 접근Acces하기 위해, 접근 속도가 빠르다. 그러나 데이터를 단순하게 분산시킬 뿐, 디스크의 장애가 발생했을 때 데이터를 재생성할 수 없다. 이때 디스크가 1개라도 고장이나 장애가 발생했을 때 데이터를 읽고 쓸 수 없

5) RAID(Redundant Arrays of Independent Disk) : 데이터를 분할해서 복수의 자기 디스크 장치에 대해 병렬로 데이터를 읽는 장치 또는 읽는 방식.(출처 : 네이버 지식백과)

다. 또 디스크의 대수가 증가할수록 장애 발생 확률이 높아진다. 그래서 가상화 환경에서는 절대 선택하지 말아야 한다.

■ RAID 1

데이터를 2개의 디스크에 동시에 쓰는 RAID 레벨이며, 미러링Mirroring이라고 한다. 접근 속도의 향상은 없지만 디스크 장애로 인한 데이터의 손실, 시스템의 정지가 발생하지 않는다. 한 쪽의 디스크에 장애가 발생했을 때 자동으로 다른 쪽의 디스크에 데이터가 처리되므로, 시스템을 계속 운영할 수 있다. 액세스의 속도 향상은 없지만 내고장성耐故障性이라는 측면에서는 장점을 갖는다. 그러나 디스크의 용량 중 실제로는 절반만 사용할 수 있기 때문에 비용 측면에서는 단점이 있다. RAID 1 레벨은 RAID 레벨 중에서 가장 많이 이용되는 방법 중 하나로, 주로 운영 체제가 설치되는 디스크에 사용한다.

■ RAID 5

RAID 5는 3개 이상의 디스크에 데이터와 오류검출코드인 패리티Parity를 교대로 쓰는 레벨이다. RAID 5는 1개의 디스크에 장애가 발생했을 때, 보존된 데이터와 패리티 정보를 이용해 손실된 데이터를 복구할 수 있다. 또 패리티도 분산시켜 보존하여 높은 내고장성과 액세스 속도의 고속화, 대용량의 디스크 확보가 가능하다. RAID 5는 RAID 레벨 중에서 가장 많이 이용되는 방법 중 하나로, 고성능을 요구하지 않는 파일 서버, 테스트 서버 등의 애플리케이션 서버에 많이 사용한다.

■ RAID 6

RAID 6은 2종의 패리티를 다른 디스크에 배치하는 것(Double Parity, 더블 패리티)으로, 동일 RAID 그룹 내 2개의 디스크에 장애가 발생했을 때 데이터의 손실 없이 시스템을 운영할 수 있다. RAID 5에 비해 성능은 조금 떨어지지만 보다 높은 가용성을 제공한다. 그래서 최근에는 RAID 6를 많이 사용한다. 일정 수준의 성능을 보장하고 가용성이 높은 점을 바탕으로 합리적인 선택할 수 있기 때문이다.

■ RAID 10

RAID 10은RAID 0과 RAID 1을 함께 사용하는 방식으로, 읽기 성능이 높다. 또 RAID 1의 미러링을 통해 내고장성이 높고, RAID 0을 통해 접근의 고속화, 대용량의 디스크 확보가 가능하다. 그래서 고성능을 요구하는 데이터베이스, 메일 서버 등 애플리케이션 서버에 많이 사용한다.

Rule 5
적합한 스토리지 타입을 선택하라

기업의 가상화 환경에 적합한 스토리지를 선택하려면 반드시 스토리지의 운영 구조Architecture 를 이해해야 한다. 일부 가상화 환경에서는 DAS(Direct Attached Storage)등의 로컬 스토리지를 사용하지만, 대부분의 서비스 환경에서는 SAN(Storage Area Network), NAS(Network Attached Storage) 등의 공유 스토리지를 사용한다. 로컬 스토리지는 공유 스토리지보다 상대적으로 적은 비용으로 구축할 수 있지만 수많은 가상 머신을 운영할 때는 가용성, 확장성의 문제가 발생할 수밖에 없다. 그래서 DAS 등의 로컬 스토리지는 비용을 최대한 줄여 사용하는 테스트 · 개발 환경에서 주로 사용한다. 가용성, 확장성, 성능이 필요한 실제 서비스 환경에서는 공유 스토리지를 사용한다. 이때 스토리지는 접속 방법에 따라 크게 4종류로 구분한다.

- **FC**

  FC(Fiber Channel)는 1 Gbps, 2 Gbps, 4 Gbps, 8 Gbps인 초고속 데이터 전송을 지원한다. 대규모의 가상화 환경에서 가장 많이 사용하는 SAN 스토리지로, 가장 안정적이며 높은 속도 낮은 대기시간을 제공한다. 그러나 FC 스위치, HBA(Host Bus Adapter), 케이블 등 관련 기기들의 비용이 높아 초기 도입에 많은 비용이 필요하다.

■ **FCoE**

FCoE(Fiber Channel over Ethernet)는 이더넷으로 SAN과 LAN을 통합한 프로토콜 방식이며 최근 많이 도입된다. FCoE는 FC와 비교하여 상대적으로 적은 케이블로 구성할 수 있을 뿐만 아니라 iSCSI, NFS보다 대기시간이 낮다. 하지만 새로운 프로토콜이다 보니 FC프로토콜만큼 많은 비용이 필요하고, 아직 기업들의 도입 사례도 상대적으로 적은 편이다.

■ **iSCSI**

iSCS(Iinternet Small Computer System Interface)는 데이터 전송을 위해 TCP/IP(Transfer Control Protocol/Internet Protocol)를 사용하며, IP-SAN이라고도 한다. iSCSI는 상대적으로 사용하기 편리하고 비용 부담이 적어 담당자들의 선호도가 높은 편이다. 그러나 IP 네트워크를 사용하기 때문에 TCP/IP의 오버헤드가 발생하여 균일한 성능을 제공할 수 없다는 단점이 있다. FC는 각 호스트 서버에서 필요한 관련 기기들의 가격이 높지만, iSCSI는 케이블의 재사용이 가능하여 각 서버의 NIC 비용이 저렴하여 낮은 도입비용으로 구축할 수도 있다. 또 기존의 IT 관리자들이 이해하기 쉽고 관리도 편리하다.

■ **NFS**

NFS(Network File System)는 1980년대 썬마이크로시스템즈Sun Microsystems가 개발한 프로토콜이다. 주로 서버 환경에서 네트워크 접속을 통한 파일 공유의 목적으로 사용되었다. 블록 레벨의 데이터 전송인 FC, FCoE, iSCSI와 달리 파일 레벨의 데이터 전송으로, 일반적으로 NAS라고도 한다. NFS는 FC에 비해 적은 비용으로 스토리지를 설계할 수 있고, 구축 방법과 운영도 어렵지 않다는 장점이 있다. 그래서 대규모 환경보다는 중소규모의 가상화 환경에서 많이 사용하고 있다.

지금까지 설명한 스토리지 프로토콜 중 어떤 것이 가상화 환경에 가장 적합한 프로토콜일까? 이 고민을 해결하려면 먼저 IT 관리자와 운영자가 해당 스토리지에 대해 충분한 지식과 경험이 있는지 파악해야 한다. 그리고 스스로에게 다음 질문을 해 본다면 올바른 선택으로 이어질 것이다.

- **스토리지를 구성하고 운영할 때 어느 정도의 지식과 레벨이 필요한가? 즉 LUN 생성, 할당 등 LUN 관리가 어렵지 않는가?**
- **현재 이용 중인 데이터센터의 환경(공간, 케이블링, 파워 등)에 적합한가?**
- **스토리지 상태에 대한 주요 정보와 모니터링 정보를 IT 관리자에게 자동화여 제공할 수 있는가?**
- **펌웨어나 OS의 업그레이드, 장애 발생 등에 대한 대응과 유지·보수는 어렵지 않는가?**
- **가상화 환경에서 씬 프로비저닝**Thin Provisioning **기능을 제공하는가?**

데이터의 입출력과 고속처리가 자주 발생하는 애플리케이션이 많음에도 불구하고 비용이 저렴하고 관리가 편하다는 이유만으로

iSCSI 스토리지를 선택한다면, 결코 좋은 선택이라고 말할 수 없다. 그러나 데이터 처리가 빈번하지 않다면 이는 성능과 효과 측면에서 좋은 결과를 가져올 것이다.

TIP

데이터센터의 랙에 스토리지를 마운트할 때에는 스토리지의 케이블 길이를 고려하여 호스트 서버와 스토리지의 위치를 선정해야 한다. 가끔 스토리지의 위치를 잘못 선정하여 호스트 서버가 증가하는 경우가 있다. 이때 기존에 랙에 마운트된 호스트 서버들의 위치도 재선정하는 작업이 발생할 수 있다. 이처럼 데이터센터 내에 스토리지의 위치를 선정할 때는 신중해야 한다.

Rule 6 씬 프로비저닝 기술을 사용하라

씬 프로비저닝Thin Provisioning은 애플리케이션이나 서버에 할당된 스토리지를 실제 디스크 용량보다 더 많이 사용할 수 있도록 스토리지의 리소스를 가상화하여 할당하는 것이다. 씬 프로비저닝 기술을 사용하면 스토리지의 디스크 용량을 효율적으로 사용할 수 있으며 용량 없이 꼭 필요한 만큼, 필요한 때 사용할 수 있다.

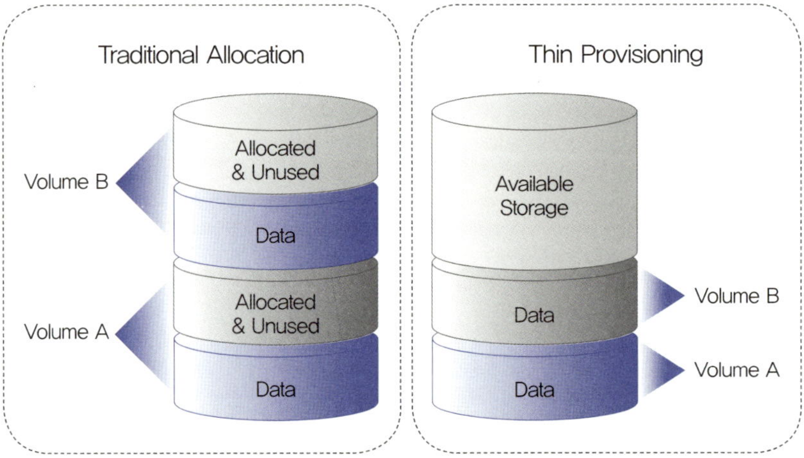

[그림 6.2] 씬 프로비저닝

씬 프로비저닝 기술을 사용하면 다음과 같은 효과를 기대할 수 있다. 첫째, 스토리지의 디스크 사용에 대한 효율성이 증가한다. 이는 최소한의 물리 디스크를 할당하여 스토리지를 운용을 개시할 수 있다. 둘째, 추가 디스크가 필요해도 스토리지의 디스크를 추가로 구입할 필요가 없다. 즉 사용하지 않는 용량을 효율적으로 사용해, 새로운 논리 디스크를 생성할 수 있다. 셋째 소비 전력, 냉각 비용, 설치 면적 등의 스토리지 운영 비용을 절감할 수 있다. 마지막으로 스토리지의 용량 계획Capacity Planning이 수월해진다. 스토리지의 용량 확보는 비용과 직결된다. 스토리지 설계 과정에서 용량을 넉넉하게 확보해도 추가 용량이나 확보한 공간의 낭비 등 문제가 발생할 수 있다. 이 때를 대비하여 씬 프로비저닝을 사용한다면 스토리지의 용량 계획을 좀 더 쉽게 세울 수 있다.

Rule 7

멀티패스를 사용하라

멀티패스Multipath는 다중 경로라고도 한다. 설정 대상은 컨트롤러, 케이블, 스위치 등의 데이터 전송 구간이다. 이때 구성요소 중 하나에서 문제가 발생하여 해당 경로가 실패해도 대체 경로를 사용하여 데이터를 전송할 수 있다. 멀티패스를 사용하면 부하분산(Load Balancing, 로드밸런싱) 장애 극복Failover, 페일오버 등의 이점을 얻을 수 있다. 따라서 컨트롤러를 포함한 스토리지와 호스트의 서버 구간을 Active/Active 방식으로 구성하여 I/O의 병목현상Bottleneck을 줄이고, 성능과 안정성을 높일 수 있도록 사용할 수 있는 모든 경로를 멀티패스로 설계한다.

Chapter 7

가상 머신 설계의 핵심법칙 7

가상 머신 설계의 핵심법칙 7

Project

가상 머신을 어떻게 설계하느냐에 따라
시스템 성능에 차이가 발생하고,
가상화 설계의 전체 규모도 달라지기 때문에
가상 머신 설계는 가상화 설계에서 가장 중요하다

1. 가상 머신의 이름과 호스트 네임을 일치시켜라
2. 적절한 vCPU와 메모리를 할당하라
3. 사용하지 않는 하드웨어를 비활성화하라
4. 서버의 역할과 확장 가능성을 고려하여 파일의 위치를 지정하라
5. 운영 중인 게스트 OS를 최적화하라
6. 가상 머신 관리를 위한 유틸리티를 설치하라
7. 안티바이러스 소프트웨어의 스캔 주기를 점검하라

가상 머신 설계의 핵심법칙 7

“

가상 머신 설계는 가상화 설계에서 가장 중요하다. 가상 머신을 어떻게 설계하느냐에 따라 시스템 성능에 차이가 발생하고, 가상화 설계의 전체 규모도 달라진다. 그래서 각 가상 머신을 주의하여 살펴봐야 한다. 가상 머신이 요구하는 리소스와 성능, 서버, 네트워크, 스토리지를 효율적으로 설계해야 한다. 이때 리소스의 낭비를 방지하는 것이 중요하다. 반대로 리소스를 너무 꼭 맞게 할당하여 가상 머신을 무겁게 운영하지 않는 것도 중요하다.

가상 머신 설계에서 가장 많이 실수하는 것은 가상 머신과 물리적인 환경의 서버와 같다고 판단하여 설계하는 것이다. IT 인프라 구축에 미숙한 기업에서는 여러 가지 이유로 필요한 사양보다 훨씬 높은 하드웨어를 운영한다. 가상화 환경을 도입할 때도 같은 이유로 필요 이상의 하드웨어 리소스를 할당하게 된다. 이것은 불필요한 예산을 지출할 뿐이다. 좋은 가상 머신 설계는 각 가상 머신에서 리소스를 적절하게 운영하여 불필요한 리소스를 사용하지 않는 것이다.

”

Rule 1 가상 머신의 이름과 호스트 네임을 일치시켜라

가상 머신을 생성하면 가상 머신을 관리하기 위해 이름을 지정해야 한다. 이는 가상 머신 위에 생성되는 게스트 OS의 호스트 네임과는 다른 것으로, 가상 머신의 파일 이름이다. 이때 가상 머신에 설치되는 게스트 OS의 호스트 네임과 가상 머신의 이름을 일치시켜야 한다. 만약 가상 머신 이름을 일치시키지 않은 상태로 가상 머신이 점점 증가했다고 가정해 보자. 제각각 이름이 다른 가상 머신에 문제가 생겨 엔지니어가 문제를 해결하려고 할 때 문제가 생긴 가상 머신을 파악하는 데에 많은 시간을 허비할 수 있다. 이는 결국 문제 해결을 위한 초기 대응의 시간을 낭비하게 되고, 다운타임을 증가시킨다.

그 밖에도 가상 머신이 자주 생성 · 삭제되는 환경이라면 시스템 관리자는 가상 머신 관리에 관심을 가져야 한다. 그렇지 않으면 불필요한 가상 머신 때문에 스토리지 공간이 부족해지고, 결국 스토리지 증설 비용 증가로 이어진다. 따라서 가상 머신을 효율적으로 관리하기 위해 가상 머신의 이름과 호스트 네임의 이름을 일치시켜야 한다.

Rule2

적절한 vCPU와 메모리를 할당하라

가상 머신에서 vCPU(Virtual CPU, 가상 메모리)는 기본적으로 호스트 서버의 논리적인 CPU 수, 코어Core 수를 초과할 수 없다. vCPU는 게스트 OS의 운영체제, 애플리케이션, 워크로드에 따라 사용량이 결정된다. vCPU는 다음과 같이 CPU의 논리적인 소켓과 코어의 수에 의해 책정된다.

vCPU = 소켓 수 × 코어 수

가상 머신이 높은 vCPU를 요구하지 않는 이상 기본적으로 1 vCPU 사용을 권장한다. 이때 가상 머신의 vCPU 수는 적은 수부터 점차 늘이는 것을 권장한다. 경우에 따라 IT 조직이나 기업 환경에 맞춰 1 vCPU가 아닌 2 vCPU 부터 시작해도 좋다. 또 게스트 OS가 여러 개의 vCPU를 지원하거나 애플리케이션의 성능과 조건에 의해 여러 개의 vCPU를 요구한다면 해당 시스템에 맞춰 vCPU를 설정해도 된다. 각 가상 머신에 vCPU를 설정하기 전에는 기존 물리 서버의 CPU 자원 리소스 사용률을 분석하고 이를 바탕으로 설정해야 한다. 이때 가상 머신의 소켓 수는 가상 머신에 설치될 OS의 소프트웨어 라이선스 비용에 영향을 미치므로 이 부분도 고려해야 한다. 예를 들어 가상 머신에 마이크로소프트의 SQL 서버를 설치할 경우 마이크로소프트의 SQL 서버 라이선스 정책은 논리적인 소켓의 수에 따라 달라진다. 동일한 4 vCPU를 설정해도 논리적인 소켓을 어떻게 설정했는지에 따라 라이선스 비용과 성능이 달라지므로 유의해야 한다. 참고로, 가상 머신에vCPU를 할당할 때에는 코어의 수를 증설하는 것이 더 효과적일 수도 있다.

가상 머신의 메모리 역시 호스트 서버의 물리적인 메모리를 초과할 수 없다. 가상 머신에 메모리를 할당 할 때에는 가상 머신에 설치할 게스트 OS의 에디션을 고려하여 할당해야 한다. 그렇지 않으면 메모리 낭비를 하게 된다. 즉 가상 머신에 4GB 이상의 메모리를 할당하려면 게스트 OS는 윈도우 2003 엔터프라이즈(Windows 2003 Enterprise) 이상의 에디션이 설치되어 있어야 4GB 이상의 메모리를 인식할 수 있다. 메모리는 가상 머신에 설치되는 게스트 OS를 고려하여 할당한다. 마지막으로 가상 머신에서 vCPU와 메모리를 할당할 때 기존 물리적인 시스템의 사용량을 기준으로, 해당 시스템의 오버헤드를 고려하는 것을 권장한다. 이때, 시스템의 오버헤드 값은 각 기업의 IT 환경에 따라 다르므로 각 기업의 IT 환경을 고려하여 산정한다.

TIP

참고로, vCPU는 서버 가상화 솔루션의 제품과 에디션에 따라 가상 머신에서 지원하는 vCPU의 수가 달라진다. VM웨어의 고장 방지$_{\text{Fault Tolerance}}$ 기능은 1 vCPU에서만 가능하다.

Rule 3

사용하지 않는 하드웨어를 비활성화하라

각 가상 머신은 게스트 OS에서 요구하는 하드웨어만 설정하여 사용하는 것을 권장한다. 각 가상 머신의 게스트 OS에서 사용하지 않는 하드웨어는 제거하거나 비활성화하여 꼭 필요한 하드웨어만 사용하는 것이 좋다. 플로피 디스크, CD-ROM, USB 설정 등 게스트 OS 설치하고 사용하지 않는 하드웨어가 있다면 가상 머신에서 이들을 제거하거나 비활성화한다. 이 과정은 불필요한 리소스의 낭비를 방지하고 시스템의 성능을 향상시킬 수 있다. 예를 들어, 약 1,000여 대의 VM을 운영한다고 가정해 보자. 각 가상 머신에 시디롬CD-ROM, 스피커 등의 하드웨어가 설정되어 있다면 각 하드웨어에 약 2MB의 리소스가 소요된다. 결국, 최소 2GB 정도의 메모리가 불필요하게 사용되는 것이다.

Rule 4

서버의 역할과 확장 가능성을 고려하여 파일의 위치를 지정하라

가상 머신을 스토리지 환경에 저장할 경우, 가상 머신의 역할과 확장성을 고려하여 가상 머신의 파일이 저장되는 위치를 지정해야 한다. 그렇지 않으면 가상 머신의 성능 저하나 확장이 필요할 때 다운타임이 발생할 수 있기 때문이다. 예를 들어 가상 머신으로 운영 중인 데이터베이스 서버가 여러 개라고 가정해보자. 이 데이터베이스를 스토리지 내의 같은 위치에 저장하여 운영한다면 디스크 I/O에 대한 부하가 발생할 수 있다. 그리고 용량 확장이 필요할 때 여유 용량 확보가 어렵다. 또 가상 머신의 파일 저장 위치를 변경하여 확장할 경우 다운타임이 발생할 수 있다. 따라서 가상 머신의 파일 위치는 해당 가상 머신의 역할과 확장성을 고려하여 지정해야 한다.

Rule 5

운영 중인 게스트 OS를 최적화하라

대규모의 환경에서 수 천대의 가상 머신을 운영할 계획이라면, 가상 머신에서 운영 중인 게스트 OS와 애플리케이션의 최적화 작업이 필요하다. 1,000여 대의 서버가 최적화 되지 않은 상태에서 가상화한다면, 호스트 서버의 리소스의 낭비와 성능의 문제가 발생할 것이다. 이때 OS를 최적화한다면 가상 머신이 안정적으로 작동하고 호스트 서버, 네트워크, 스토리지의 부하를 줄여 성능이 향상된다.

가상 머신 1대당 5MB의 불필요한 리소스를 줄인다면, 1,000대를 운영하는 IT 환경에서는 최소 5GB의 리소스를 확보할 수 있다. 이처럼 불필요한 서비스나 프로세스의 중지 등의 OS 최적화 작업은 꼭 필요하다. 최적화 작업은 기업의 IT 환경에 따라 시스템 관리자와 협의하여 진행한다. 이때 OS 레벨의 최적화뿐만 아니라 애플리케이션 레벨의 최적화도 함께 진행하면 더욱 좋다.

Rule6 가상 머신 관리를 위한 유틸리티를 설치하라

가상 머신의 하드웨어 성능 향상과 수월한 관리를 위해 반드시 관련 가상화 유틸리티를 설치해야 한다. VM웨어는 'VMware Tools', 시트릭스는 'Xen Tools'를 설치하는 것을 권장한다. 유틸리티를 설치하면 가상 머신의 그래픽 해상도가 높아지고, 중앙 관리 서버에서 각 가상 머신에 대한 정보와 가상화 솔루션에서 제공하는 기능을 사용할 수 있다. 그러나 유틸리티를 설치하지 않으면 호스트 서버나 가상 머신에 문제가 생겼을 때 가상화 솔루션이 제공하는 고급 기능을 사용할 수 없다. 이때 예상치 못한 다운타임이 발생하거나 증가하여 사용자에게 큰 불편을 줄 수 있다.

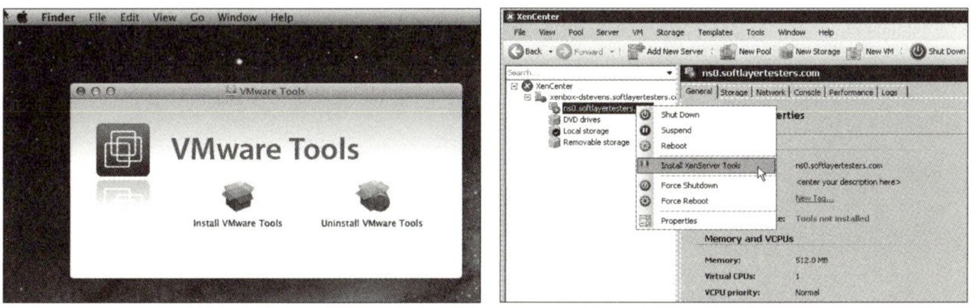

자료출처 : http://www.cnblogs.com

[그림 7.1] 가상화 유틸리티 'VMware Tools'와 'Xen Tools'

Rule 7

안티바이러스 소프트웨어의 스캔 주기를 점검하라

대규모 환경에서 물리적인 서버를 약 1,000대 정도 운영한다고 가정해 보자. 이때 각 서버에서 안티바이러스 소프트웨어의 스캔이나 업데이트가 발생한다면, 순간적으로 네트워크 트래픽이 증가하여 일부 서버의 성능이 저하될 수 있다. 가상화 환경에서의 성능 저하는 물리적인 환경의 성능저하 보다 타격이 더 크다.

가상 머신의 안티바이러스 소프트웨어가 스캔이나 업데이트를 동시에 진행하면, 각 가상 머신에서 사용하는 CPU와 메모리의 리소스 사용률과 스토리지의 디스크 I/O도 증가한다. 이때 각 가상 머신에서 작동 중인 안티바이러스 소프트웨어의 스캔과 업데이트 주기를 다른 시간으로 적용해야 한다. 시간 설정은 안티바이러스 소프트웨어에 따라 다를 수 있으니 유의한다.

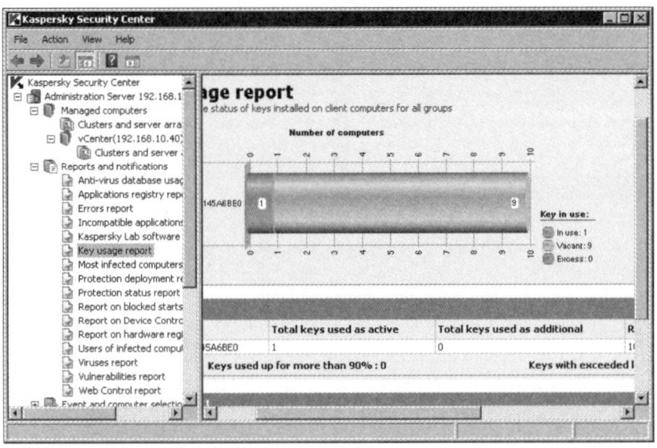

자료출처 : http://www.kaspersky.com

[그림 7.2] 서버용 안티바이러스 소프트웨어

Chapter 8

가상화 보안의 핵심법칙 9

가상화 보안의 핵심법칙 9

Project

가상화 보안은 비즈니스 프로세스와 함께 고려되어야 한다. 가상화 환경에서 보안은 가상화 호스트 서버와 가상화 서버 관리를 위한 중앙 관리 서버, 그리고 가상 머신, 가상 머신의 게스트 OS, 애플리케이션을 구분하여 고려해야 한다

1. AAA 모델을 적용하라
2. 호스트 서버에 접속할 관리자의 계정 수를 최소화하라
3. 1인 1계정을 사용하라
4. 시스템 관리자의 권한을 나눠라
5. 모든 접속과 작업을 기록하라
6. 호스트 서버와 가상 머신의 네트워크를 분리하라
7. 가상 머신을 보호하라
8. 변경 관리에 신경 써라
9. 데이터를 보호하라

가상화 보안의 핵심법칙 9

"

서버 가상화의 설계에서 서버의 통합 비율만큼 중요한 것이 보안이다. 대부분 서버 가상화 프로젝트에서 높은 통합 비율을 유지하는 것을 최우선으로 설계하고 보안은 중요하게 생각하지 않는데, 이는 잘못된 생각이다. 좋은 가상화 설계란 보안도 충분히 고려한 설계를 말한다. 현재 가상화의 보안 솔루션은 많지 않지만, 그렇다고 보안을 무시할 수는 없다. 대부분의 보안이 그렇듯, 가상화 보안 역시 비즈니스 프로세스와 함께 고려되어야 한다. 가상화 환경에서 보안은 다음과 같이 구분할 수 있다.

- 가상화 호스트 서버
- 가상화 서버 관리를 위한 중앙 관리 서버
- 가상 머신, 가상 머신의 게스트 OS, 애플리케이션

물론 위의 구성요소 스토리지와 네트워크 단계에서의 보안도 있으니 이 부분도 충분히 고려해야 한다.

"

Rule 1

AAA 모델을 적용하라

가상화 보안을 고려할 때 일반적인 모델인 AAA 모델을 적용하는 것이 좋다. AAA 모델(트리플 에이 모델이라고 말하기도 함)은 다음과 같이 인증, 권한부여, 기록을 일컫는다.

- **인증**(Authentication)
- **권한부여**(Authorization)
- **기록**(Accounting)

인증은 해당 시스템에 접근하는 사용자가 올바른 사용자인지를 구별하는 것을 말한다. 권한부여는 해당 시스템에 접근하는 사용자가 열람할 파일에 대해 올바른 권한을 갖고 있는지 구별하는 것을 말한다. 마지막으로 기록은 해당 시스템에 접근하는 모든 사용자의 행동을 추적할 수 있도록 기록을 남기는 것을 말한다. 즉 사용자는 허가 받은 사용자만 적합한 권한을 갖고 시스템에 접근할 수 있어야 한다. 그래서 접속한 사용자의 모든 행위는 기록이 되어야 한다. 이러한 AAA 모델을 기준으로 가상화 환경에서 보안 정책의 표준과 기본 가이드 라인을 책정한다면 호스트 서버, 관리 서버, 가상 머신 등 가상화 인프라의 보안을 향상시킬 수 있다.

Rule 2 호스트 서버에 접속할 관리자의 계정 수를 최소화하라

호스트 서버는 서버 가상화에서 아주 중요하다. 모든 호스트는 중앙 관리 서버에서 관리하며, 필요에 따라 중앙 관리 서버가 아닌 해당 호스트 서버에 직접 접속할 수 있다. 그렇다면 어떤 경우에 중앙 관리 서버가 아닌 서버가 해당 호스트 서버에 직접 접속할까? 다음과 같은 경우 해당 호스트 서버에 직접 접속해야 한다.

- **중앙 관리 서버가 다운되거나 접속이 불가능한 경우**
- **호스트 서버에 문제가 발생하여 문제를 해결 중이거나 펌웨어 업데이트 등의 유지보수 작업을 진행하는 경우**

위의 상황에서는 중앙 관리 서버에서 가상 머신의 생성, 삭제, 변경, 이동 등의 작업을 할 수 없으므로 해당 호스트 서버에 직접 접속하여 작업을 진행해야 한다. 호스트 서버에 접속하는 관리자 계정은 해당 호스트에서 동작 중인 모든 가상 머신의 생성, 변경, 삭제 등의 권한을 갖는다. 이 때 올바른 사용자가 아닌 경우 위험은 매우 크다. 그래서 호스트 서버에 접속하는 계정은 반드시 보안 통제가 필요하다.

기업의 IT 인프라 환경마다 조금씩 차이는 있지만, 호스트 서버 관리에 필요한 계정으로 2~3개의 계정만 사용하는 것을 권장한다.

3개의 계정 중 1~2개는 내부의 시스템 관리자 용으로 사용하고, 나머지 1개는 문제 해결을 위한 예비용이나 외부 서비스 계약자 용으로 사용하는 것이 좋다. 왜 3개 이상의 계정을 사용하면 안 될까? 계정이 5~10개 있어도 중앙 관리 서버가 장애가 발생하지 않는 한 개별 호스트 서버에 직접 접속할 일은 거의 없다. 1년에 2~3번 접속하기 위해 모든 사용자의 계정을 만드는 것은 사용하지 않는 계정으로 인해 외부 위협의 요소를 하나 더 증가시키기만 할 뿐이다. 그러므로 반드시 최소한의 필요한 계정만 생성하여 사용하는 것을 권장한다.

Rule3 1인 1계정을 사용하라

가상 머신을 관리하기 위해 중앙 관리 서버에 접속하는 모든 시스템 관리자는 본인 계정만으로 로그인한다. 일부 기업의 IT 부서는 시스템 관리자들의 편의를 위해 여러 명이 하나의 그룹 계정을 사용하는 경우가 있다. 하지만 이 방법은 좋은 방법이 아니다. 해당 그룹 계정이 악의적으로 사용되거나, 해당 계정으로 접속한 후의 작업 내용을 확인할 때 작업자를 파악하기 어렵기 때문이다.

매일 시스템에 접속하는 여러 명의 시스템 관리자가 모두 동일한 그룹 계정으로 접속하여 작업한다면, 누가 어떤 작업을 했는지 파악하기 위해서는 1대 1 면담이 필요할 수도 있다.

Rule4
시스템 관리자의 권한을 나눠라

가상 머신을 관리하기 위해 중앙 서버에 접속할 시스템 관리자의 권한을 역할과 작업내용에 맞춰 나누는 것이 좋다. 중앙 관리 서버에 접속하는 시스템 관리자가 마스터 권한을 갖고 있다면, 가상 머신의 생성, 변경, 삭제까지 할 수 있다. 그러나 만약 시스템 관리자가 실수로 가상 머신을 삭제했다면 이는 곧 장애로 연결된다. 따라서 중앙 관리 서버에 접속하는 시스템 관리자의 업무 내용과 역할에 맞춰 사용하지 않는 권한은 제거하고, 꼭 필요한 권한만 할당해야 한다.

중앙 관리 서버에 접속하는 가상화 시스템 관리자 계정을 생성할 경우에는 반드시 윈도우즈에 디폴트Default로 내장된 그룹이나 관리자Administrators 그룹을 사용하지 않아야 한다. 이때 별도의 그룹을 만들고 계정을 생성하면 잠재된 위험을 줄일 수 있다. 또 권한을 할당할 때는 작은 권한부터 할당하여 점점 권한을 높이며 할당하는 것을 권장한다.

Rule 5

모든 접속과 작업을 기록하라

가상화 시스템을 관리하기 위해 호스트 서버, 가상 머신, 관리 서버, 스토리지 등의 가상화 시스템에 접속하는 모든 시스템 관리자의 로그인 기록과 작업 내용을 기록해야 한다. 이것은 문제가 발생하여 문제를 해결할 때 해당 시스템에 누가 언제 접속하여 어떤 작업을 했는지 파악하는 게 중요할 때가 있다. 이때 접속 기록이 있다면 해당 시스템에 접속한 로그인 이력과 작업 내용을 빠르게 파악하여 다음 단계의 대응을 할 수 있다. 하지만 접속과 작업 기록을 문제 발생 초기에 파악하지 못한다면 문제 해결을 위한 시간이 계속 늘어날 뿐이다. 그러나 접속 기록 저장은 문제 해결이 필요할 때나 시스템의 감사를 진행할 때 많은 도움을 주지만, 그만큼 스토리지의 공간을 차지한다. 그래서 접속 기록은 기업 내 접속 기록 관리 정책을 만들어 운영하는 것이 좋다.

최근 서버 가상화 솔루션들은 SYSLOG(system log, 시스템 로그) 서버를 지원한다. 접속 기록 저장은 별도의 중앙 서버에서 로그 정보가 수집되고 저장하여 로컬 시스템에 문제가 발생하더라도 중앙 서버에서 접속 기록을 추적할 수 있도록 하는 것이 좋다.

Rule 6 호스트 서버와 가상 머신의 네트워크를 분리하라

한 해커가 기업의 정보를 훔치기 위해 기업 내 내부 네트워크에 접속했다. 이때 네트워크 스니퍼Sniffer를 사용하여 정보를 획득하고, 가상 머신이 있는 동일한 서브넷Subnet에 중앙 관리 서버와 호스트 서버가 존재하는 것을 알게 되었다. 그래서 관리자 계정의 권한을 획득하여 기업 내 중요 정보가 저장된 가상 머신에 접속했다. 그리고 웹을 통해 해당 데이터를 업로드한 다음 가상 머신을 삭제하고 빠져나갔다. 지금 말한 이야기는 영화 속의 이야기가 아니다. 실제 가상화 환경에서 발생할 수 있는 보안 사고 시나리오 중 하나이다. 이처럼 호스트 서버와 가상 머신을 관리하기 위해 네트워크 서브넷에 동일한 중앙 관리 서버가 존재한다.

외부 침입자가 내부 네트워크에 접속하면 동일한 서브넷에 있는 어느 서버로든 접속할 수 있는 보안 홀Hole이 생긴다. 그래서 가상 머신과 호스트 서버, 중앙 관리 서버의 네트워크 서브넷을 분리하여 운영하는 것이 가상화 환경에서 보안 위험을 줄이는 방법이다. 또 가상 머신, 호스트 서버, 중앙 관리 서버에 방화벽을 설치하여 꼭 필요한 IP와 포트만 허용하고 ACL(Application Control Language, 애플리케이션 제어 언어)을 관리하는 것이 좋다.

Rule 7 가상 머신을 보호하라

호스트 서버에 설치되는 하이퍼바이저Hypervisor에도 위험요소는 언제나 존재한다. 대부분 가상 머신의 게스트 OS에 대한 보안 패치만 고려하여 정기적으로 패치를 적용하지만, 호스트 서버에는 소홀한 경우가 많다. 그러나 이것은 바람직하지 않다. 호스트 서버에 보안 문제가 발생하면 결국 해당 호스트 서버에서 동작 중인 모든 가상 머신에 영향을 미친다. 이때 호스트 서버에도 정기적으로 보안 패치를 적용해야 한다. 또 서버 가상화 소프트웨어의 벤더가 제공하는 보안 패치에 관심을 갖고 정기적으로 적용해야 한다. 새로운 가상 머신을 해당 가상 머신에 안티바이러스 소프트웨어가 설치되지 않거나 서비스 팩, 보안 패치를 적용하지 않은 채 배포하거나 서비스하면 이는 OS의 취약성을 노출시키는 것이다. 템플릿을 사용하여 새로운 가상 머신을 배포할 때도 안티바이러스 소프트웨어를 설치하고 배포하는 것을 추천한다. 그렇지 않으면 악의적인 사용자가 해당 가상 머신에 악성 소프트웨어를 미리 설치하고, 기업 내 주요 정보를 외부로 유출시키거나 웹 서버에 서비스 거부 공격을 실행할 수 있는 바이러스를 설치할 수도 있다.

Rule 8

변경 관리에 신경 써라

변경 관리는 IT서비스의 보안보다는 ITTL(IT Infrastructure Library)[6]의 관점에서 접근하는 게 더 정확할 수 있다. 여기서 변경 관리를 강조하는 이유는 시스템의 계획되지 않는 변경은 보안과도 관련이 있기 때문이다. 대부분 크래커Cracker나 해커는 외부에서 내부로 접속하여 필요한 정보와 권한을 획득하기 위해 특정 소프트웨어를 설치하고 프로그램을 변경한다. 따라서 가상화 환경에서도 검증되지 않는 변경을 감시해야 한다. 예를 들어 가상화 관리 서버나 호스트 서버에 접속한 침입자가 가상화 네트워크 정보를 변경하거나 스토리지의 LUN 정보를 변경하면 전체적인 가상화 인프라에 영향을 미친다. 이때 시스템 정보의 변경이 올바른 시스템 관리자가 계획된 작업을 바탕으로 변경한 것인지 검증할 수 있어야 한다. 또 시스템 정보의 변경 작업은 프로덕션이나 서비스 환경에 적용하기 전에 사전 테스트를 거쳐 문제가 발생하지 않는 것을 확인해야 한다.

6) ITTL(IT Infrastructure Library) : 다양한 참조 모델을 제공하여 IT 운영의 표준을 마련하는 관리 방법

Rule 9
데이터를 보호하라

한 기업의 시스템 관리자고 일하던 A는 경쟁사로 이직을 결심했다. 그리고 기업의 중요 정보를 경쟁사에 제공하기 위해 가상화 관리 서버에 접속했다. A는 기업의 주요 기밀 정보가 저장된 파일 서버의 가상 머신을 복사한 다음 외부 저장장치를 사용하여 회사 밖으로 반출했다. 그리고 이 정보를 다른 지역의 다른 컴퓨터를 사용해 해당 가상 머신을 복원하여 기업의 주요 정보를 경쟁사에 제공했다. 이 작업은 비교적 간단한 방법으로 회사의 주요 기밀이 경쟁사에 그대로 누출된 보안 사고의 한 예시이다. 물론 이 과정은 시스템 관리자의 단순한 작업 중 한 부분이지만, 이 과정에 대한 통제장치가 없다면 회사의 존립 위태로운 문제가 발생할 수 있다. 게다가 보안 사고는 일정 시간 시간이 흐른 뒤 정기적인 보안 감사에서 드러나는 경향이 많아, 그 즉시 파악하고 조치를 취하기가 어렵다. 따라서 가상 머신의 파일이 저장되는 스토리지와 이를 조작할 수 있는 시스템에 접속하는 사용자를 구별하고 사용자의 권한도 조절해야 한다. 또 해당 행위를 실시간으로 감지할 수 있어야 한다. 경우에 따라서는 이를 위해 별도의 서드 파티Third Party 솔루션을 도입하거나 비즈니스 프로세스로 접근하여 통제할 수도 있다.

Chapter 9

감시와 용량 계획의 핵심법칙 5

감시와 용량 계획의 핵심법칙 5

Project

가상화 환경에서는 크게 호스트 서버, 가상 머신,
통합 스토리지를 중심으로 감시 계획을 세우는 것이 좋다.
감시 계획은 단순히 시스템의 장애 유무뿐만 아니라
성능 관리 측면에서도 접근해야 한다

1. 안정성, 위험성, 효율성의 관점에서 접근하라
2. 24시간, 365일 감시할 수 있도록 하라
3. 정기적인 리소스 분석 체계를 수립하라
4. 리소스를 과도하게 조정하지 마라
5. 적합한 모니터링 도구를 선택하라

감시와 용량 계획의 핵심법칙 5

"

기존 물리적인 시스템을 가상화 시스템으로 전환한 후 가상화 환경의 감시(Monitoring, 모니터링)와 리소스 사용량 계획을 세우는 것은 운영 계획에 해당한다. 감시와 용량 계획을 세우는 것은 가상화 설계의 마지막 단계이자 가상화 운영 계획의 시작 단계라고 할 수 있다. 기존 물리 환경에서는 시스템의 리소스 사용량을 정적Static으로 대응했다면, 가상화 환경에서는 동적Dynamic으로 대응할 수 있다. 가상화 환경에서는 크게 호스트 서버, 가상 머신, 통합 스토리지를 중심으로 감시 계획을 세우는 것이 좋다. 감시 계획은 단순히 시스템의 장애 유무뿐만 아니라 성능 관리 측면에서도 접근해야 한다.

"

Rule 1 안정성, 위험성, 효율성의 관점에서 접근하라

가상화 환경에서 감시, 용량 계획을 세울 때는 관리자가 리소스 사용률 현황을 한 눈에 파악할 수 있도록 해야 한다. 또 문제 발생이 예상되는 부분을 미리 점검하고, 빠르게 조치를 취할 수 있어야 한다. 이것은 다음 3가지의 관점에서 접근할 수 있다.

첫 번째로 안정성을 확보하여 가상화 시스템의 성능과 문제가 없는지 파악할 수 있어야 한다. 안정성은 부하Workload, 이상, 장애로 분류하여 구분할 수 있다. 워크로드는 각 리소스와 관련된 상태로, 워크로드가 낮을수록 안정성은 높아진다. 이상은 정상적인 상태와 다른 것으로, 문제가 자주 발생할수록 안정성은 낮아진다. 장애는 하드웨어 장애나 HA 기능 등의 고가용성 문제가 발생할 수 있는지를 뜻한다.

두 번째로 위험성을 관리할 수 있어야 한다. 사용 중인 리소스에 용량 문제가 없는지 파악할 수 있어야 한다. 그래서 일주일이나 한 달 후에 리소스가 부족하여 시스템을 증설해야 하는 상황이 발생하지 않도록 리소스 사용량을 예측할 수 있어야 한다.

세 번째는 효율성을 고려해야 한다. 시스템의 리소스를 얼마나 효율적으로 사용하고 있는지 알 수 있어야 한다. 이는 앞에서 설명한 안정성과 위험성의 문제가 없는 상태에서 고려해야 한다.

Rule 2 24시간, 365일 감시할 수 있도록 하라

IT 인프라를 운영하면서 시스템을 감시할 때 가장 기본으로 고려하는 것이 24시간, 365일 감시하는 것이다. 이것은 24시간, 365일 무중단無中斷 서비스를 제공하기 위한 전제조건 중 하나로, 기업의 IT 인프라가 99.999% 이상의 가용성을 보장하기 위한 필수 조건이다. 그러나 감시 시스템이나 체계가 구축되어 있지 않다면 인프라의 안정성과 가용성을 저하시킨다. 그래서 이에 대한 시스템을 구축하는 것에 비용을 아끼지 말라고 조언하고 싶다. 많은 기업들이 감시 시스템을 구축할 때 필요한 예산을 배치하기보다 적을 예산을 사용하기를 원한다. 또 감시 시스템을 필수가 아닌 여러 옵션 중 하나로 여기는 경향이 있다.

그렇다면 감시 시스템을 어떻게 구축해야 할까? 가장 먼저 인프라의 어떤 시스템을 감시할 것인지, 감시 대상을 선택한다. 두 번째로 감시 대상의 어떤 항목을 감시할 것인지 정의하고 분류한다. 세 번째로 감시 기준에 대한 기준치와 임계치를 결정한다. 네 번째로 감시 알람 발송 방법을 결정한다. 다섯 번째로 감시 결과와 알람의 정보를 누구에게 전달할 것인가를 결정한다. 여섯 번째로 감시 결과 알람과 문제가 발생했을 때 어떤 대응을 할 것인지 사전에 계획을 세운다. 마지막으로 감시 시스템의 감시를 포함한다.

24시간, 365일 감시할 시스템을 구축했더라도 해당 정보가 IT관리자나 담당자에게 제대로 전달되지 않는다면 결코 24시간 365일 감시가 가능하다고 말할 수 없다. 그러므로 반드시 IT관리자에게 감시 정보가 24시간 365일 전달, 공지될 수 있도록 해야 한다.

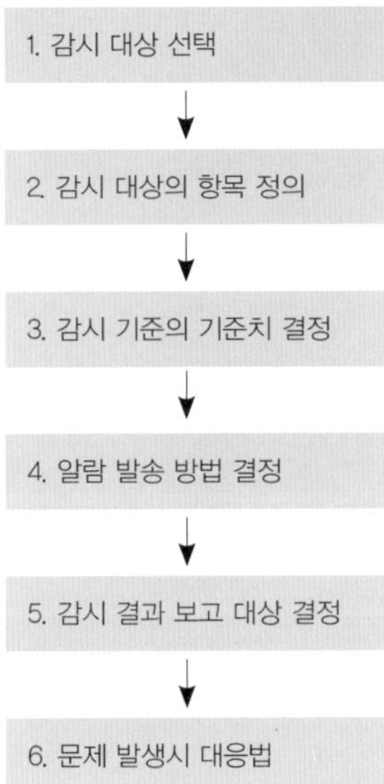

[그림 9.1] 감시 시스템 구축 순서

Rule3

정기적인 리소스 분석 체계를 수립하라

기업의 IT 인프라가 가상화로 전환이 완료되면 운영 단계에서는 가상 머신을 포함한 호스트 서버의 CPU, 메모리, 스토리지의 디스크 용량 등의 리소스 관리가 중요하다. 리소스 관리는 시스템 운영의 안정성과 성능에 영향을 미치는 중요한 요소이며, 이를 소홀히 하거나 방관해서는 안 된다. 리소스를 제대로 관리하면 시스템의 성능을 향상시킬 수 있고, 예상치 못한 호스트 서버 증설 등에 능동적으로 대처할 수 있다. 이때 리소스는 너무 자주 분석할 필요는 없으며, 4주 이상의 주기를 기준으로 실행하는 것이 좋다.

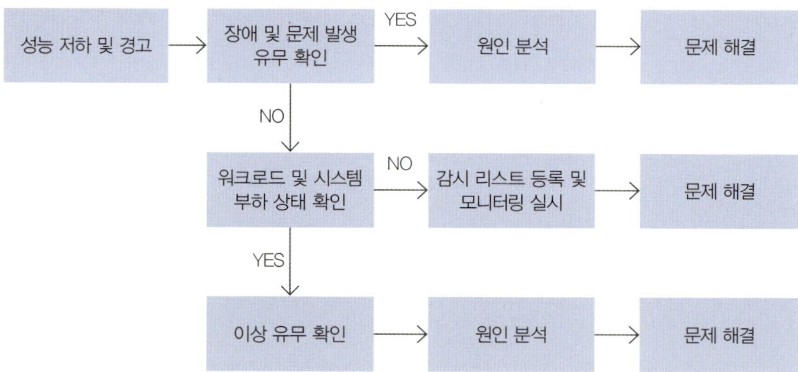

[그림 9.2] 리소스 분석 예시

Rule 4 리소스를 과도하게 조정하지 마라

호스트 서버나 가상 머신의 리소스 조정은 해당 시스템의 성능에 영향을 미칠 수 있으니 신중하게 접근해야 한다. 이때 너무 과도하게 리소스를 조정하지 않도록 주의한다. 가끔 가상 머신의 리소스를 너무 과도하게 조정하여 빠른 시일 내에 재조정하는 경우가 발생한다. 이것은 결국 리소스 조정을 위한 대기시간의 발생 원인이 된다. 이처럼 IT 조직과 기업의 환경에 따라 체계적 · 계획적으로 리소스 운영 계획을 세우면 다운타임을 줄이며, 보다 효율적으로 리소스를 사용할 수 있다. 이때 다음 표를 참고하여 리소스의 운영 상태를 3단계로 분류하여 운영하는 것도 좋다. 3단계로 제한하여 운영할 필요는 없고, IT 조직과 기업의 환경에 따라 단계를 조정해도 된다.

[표 9.1] 리소스 운영 단계

구분	설명
Level 1	성능과 가용성에 문제가 없으며, 양호한 상태
Level 2	리소스의 대한 관심과 모니터링이 필요한 상태로, 리소스 조정을 검토해야 하는 상태
Level 3	성능에 문제가 발생하여 신속하게 리소스를 조정해야 하는 상태

Rule 5

적합한 모니터링 도구를 선택하라

IT 시장에서 제공하는 감시 도구는 수없이 많다. 그래서 IT 조직이나 기업 환경에 적합한 솔루션을 찾는 것은 쉬운 일이 아니다. 감시는 해당 시스템의 장애를 실시간으로 감지하고 문제 해결을 위한 대기시간을 최소화하는 것이 주요 목적이다. 그러나 가상화 환경에서는 가상화 리소스의 분석과 확장, 가용성을 위한 데이터 수집이 추가로 요구된다. 그래서 가상화 환경의 감시도구는 위의 조건에 충족한 도구를 선택해야 한다. 그렇지 않으면 별도의 감시 시스템을 구축하고, 그 수가 점점 늘어나 이로 인해 관리자가 관리해야 하는 시스템도 많아질 수밖에 없다.

가상화 환경의 감시 도구는 각 서버 가상화 소프트웨어 벤더에서 제공하는 제품 외에 오픈 소스나 서드 파티에서도 다음과 같은 제품을 제공한다. 이처럼 IT 조직이나 기업의 담당자가 언제나Anytime, 어디서나Anywhere 감시 시스템에 접속하여 관리할 수 있는 프로그램들이 많다. 또 장소나 시간의 구애를 받지 않는 모바일 환경에서도 해당 시스템에 접속하여 성능 장애를 감지할 수도 있다. 이 밖에도 문제 발생에 따라 문제를 확인하고 해결할 수 있는 솔루션들도 출시되고 있다.

- **오픈 소스 제품들** : Cacti, Nagios
- **서드 파티 제품들** : PlateSpin Recon, vFoglight

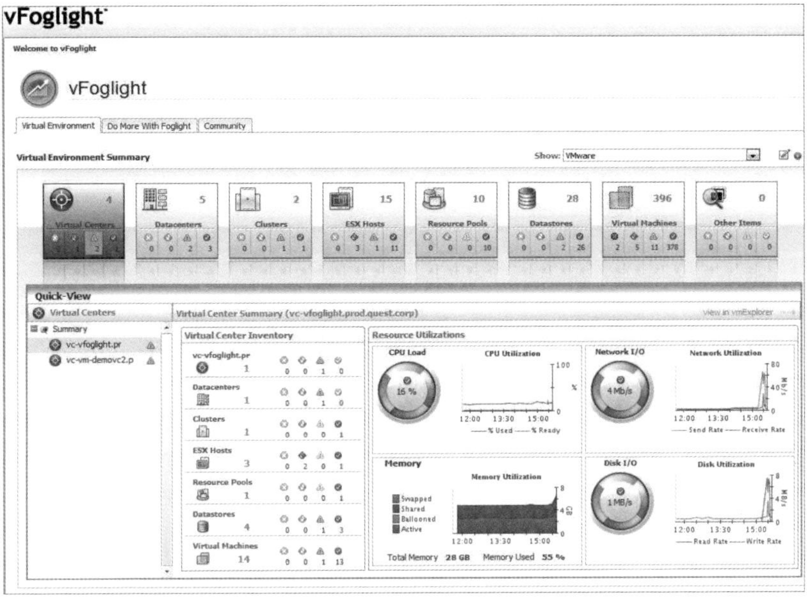

[그림 9.3] 퀘스트Quest의 감시 소프트웨어, 'vFoglight'의 관리 화면

MEMO

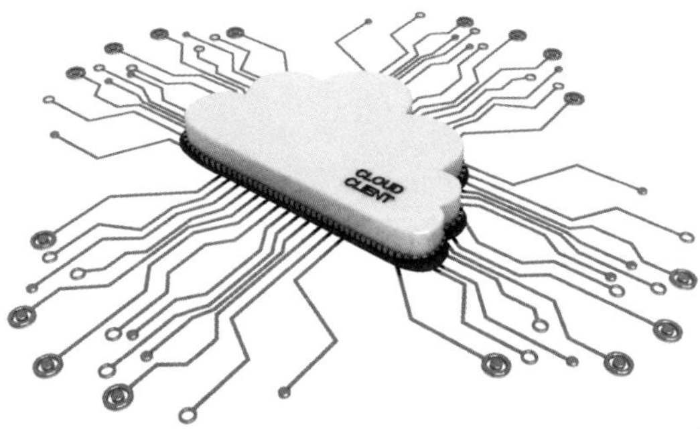

Chapter 10

가상화 시스템 운영 계획의 핵심법칙 8

가상화 시스템 운영 계획의 핵심법칙 8

Project

가상화를 도입한다고 해서 시스템 관리자의 업무가
크게 향상되거나 개선되는 것은 아니다.
가상화 환경은 기존 물리 환경의 인프라 환경을 기본으로
운영하기 때문에 가상화 시스템의 운영 계획은
기술보다는 프로세스의 성격이 강하다

1. 백업과 복구 계획을 세워라
2. 유지 보수 계획을 세우고 방법을 고민하라
3. 시스템 변경 관리 계획을 세워라
4. 예비 부품 정책을 세워라
5. 데이터센터의 전력 관리 정책을 세워라
6. 벤더와의 커뮤니케이션을 중요시하라
7. 적합한 벤더를 선택하라
8. 가상화 인력 육성에 투자하라

가상화 시스템 운영 계획의 핵심법칙 8

"

가상화 시스템 운영 계획은 가상화 설계의 마지막 단계에서 반드시 고려해야 한다. 물론 가상화를 도입한다고 해서 시스템 관리자의 업무가 크게 향상되거나 개선되는 것은 아니다. 가상화 환경은 기존 물리 환경의 인프라 환경을 기본으로 운영한다. 이때 운영 계획을 정확하게 세우지 않으면 시스템 관리자의 업무는 점점 증가하여 나중에는 수습할 수 없어진다. 가상화 시스템 운영 계획은 기술보다 프로세스의 성격이 강한 부분임을 유의하여 접근하기 바란다.

"

Rule 1 백업과 복구 계획을 세워라

기존의 물리 서버 환경에서는 중요한 데이터를 로컬 디스크에 저장한다. 그래서 1차적으로 로컬 디스크를 RAID를 통해 보호하고, 로컬 백업과 네트워크 백업을 혼합한 백업 정책을 따라간다. 그러나 가상화 환경은 모든 파일과 데이터가 스토리지에 저장되는 스토리지 환경이다. 그래서 백업과 복구 계획이 명확하지 않으면 장애나 재난 복구 작업 시간이 물리 환경보다 더 길어질 수 있다. 대부분의 기업은 가상화 환경의 백업 솔루션을 도입하기 보다 기존의 백업 솔루션과 정책을 활용한다. 이 경우 해당 환경을 복구하는데 약 2시간이 소요된다. 이때 기업의 경영진이 해당 복구 시간을 인정하느냐, 인정하지 않느냐에 따라 새로운 백업 솔루션의 도입이나 백업 · 복구 정책이 결정된다. 데이터 복구 시간을 단축시키는 것은 결국 비용 문제와 직결된다.

대규모 환경이나 24시간 온라인 서비스를 지향하는 기업에게 긴 복구 시간은 치명적일 수 있기 때문에, 이들은 30분 이내 복구할 수 있는 백업 · 복구 정책을 요구하기도 한다. 이처럼 가상화 환경을 운영할 때 IT 관리자가 가장 많이 고민하는 부분이 바로 데이터 백업과 복구이다. 가상화 환경은 물리적 서버의 감소라는 장점이 있지만, 스토리지 내 데이터의 증가라는 고민 거리를 IT 관리자에게 안겨준다. 이 과정에서 백업 솔루션의 비용이나 스토리지의 증설 비용 등의 문제가 발생하기도 한다.

이처럼 가상화 환경에서 데이터 백업과 복구 계획을 세우는 것은 선택이 아닌 필수이다. 데이터의 백업과 복구 문제는 평소에는 잘 드러나지 않는다. 그래서 크게 관심을 두지 않는데, 이것은 잘못된 것이다. 대다수의 사람들이 평소에는 중요성을 인지하지 못하다가 실제 장애를 겪으면 그때서야 중요성을 깨닫는다. 이때 백업 관련 장애에는 항상 경제적, 업무적 타격이 뒤따른다. 이처럼 문제가 발생한 후 수습 과정에 얽매이지 않으려면 가상화를 설계할 때 데이터의 백업과 복구 계획을 세워야 한다. 초기에 계획하고 준비하는 것이 예상치 못한 비용의 지출을 줄이는 방법인 것이다.

Rule 2
유지 보수 계획을 세우고 방법을 고민하라

가상화 도입 여부와는 관계없이 시스템의 유지 보수는 항상 필요하다. 유지 보수 작업은 시스템의 가용성과 시스템 관리자의 사생활에 영향을 미치는데, 이 영향은 최소화하는 것이 바람직하다. 기존 물리 서버 환경에서는 각 물리 서버의 유지 보수 작업을 진행하면 되지만, 가상화 환경에서는 호스트 서버와 스토리지도 유지 보수 작업이 필요하다. 그래서 이들을 대상으로 어떻게 유지 보수 작업을 진행할 지 계획을 세우고 방법을 고민해야 한다.

유지 보수 계획을 세울 때는 서버 · 클라이언트 · 네트워크 등의 IT 인프라, 주변기기, IT 서비스를 제공받는 사용자와 파트너에게 미치는 영향을 작업 전에 미리 파악한다. 계획을 세울 때는 항상 최악의 상황에 대비하여 준비한다. 가장 좋은 상황에 대한 계획을 세우기 쉽기 때문이다. 또 유지 보수 작업 중 언제든지 문제가 발생할 수 있다. 그러므로 다시 되돌리기 위한 롤백Roll back 계획이나 준비 없이 중요한 시스템의 작업이 이루어져서는 안 된다.

유지 보수 계획은 작업 중에 우연히 일어날 수 있는 상황과 영향을 미치는 요소를 미리 검토한 다음 진행해야 한다. 또 관련 부서의 직원이 모두 확인하고 진행하여, 예상치 못한 문제가 발생할 가능성을 '0'에 가깝게 만든다. 이때 시스템 관리자에게 유지보수 계획 문서를 작성하는 시간은 지루하고 귀찮을 수도 있다. 하지만 이 작업은 유지 보수 작업의 문제 발생 가능성을 낮추고, 시스템의 가용성 증가와 함께 여러분의 사생활을 보호하는 작업임을 인식하자.

Rule3 시스템 변경·관리 계획을 세워라

시스템의 장애나 문제가 발생하는 원인을 분석해 보면 시스템을 변경할 때가 대부분이다. 이처럼 시스템 변경 작업은 아주 위험한 작업이다. 시스템의 개선과 업그레이드 계획을 세울 때, 시스템 관리자의 편리한 작업을 위해 임시로 작업한 후 작업 내용을 문서화하지 않는 경우가 있다. 이때 임시 변경한 작업이 문제 없이 끝나서 이를 원래대로 전환하지 않고 업그레이드를 완료한 후 문제가 없다고 확신한다. 이처럼 임시 변경한 작업을 원래대로 전환하는 작업의 필요성을 느끼지 못하는 경우가 많다. 이 상태에서 시간이 흘러 시스템 관리자가 부재 중인 경우 작업에 대한 문서나 변경 이력이 없어 문제가 발생하는 것이다. 따라서 이러한 문제점을 없애기 위해 다음 가이드라인을 기업의 소프트웨어 개발 환경과 인프라 운영 방침에 맞춰 수정하여 운영하기 바란다.

첫 번째로 변경하는 모든 작업을 문서화하라. 파일 안에 변경된 사항과 정보를 기록하고, 간단한 코멘트도 저장하는 것이 좋다. 코멘트 내용으로는 변경 이유, 변경 내용, 변경한 날짜, 작업자의 이름을 반드시 명시한다.

두 번째로 변경을 순차적으로 적용하라. 여러 개의 변경 사항이 있을 때 한꺼번에 이를 적용하는 것 보다 순차적으로 적용하는 것이 좋다 여러 변경이 동시에 발생한다면 문제가 발생했을 때 문제 확인과 해결 과정이 복잡해질 수 있다.

세 번째로 시스템 파일의 변경 사항을 감시하라. 중요한 파일이 변경될 경우 시스템 관리자에게 통보되는 것이 좋다. 시스템이 장애 극복Failover, 페일 오버이나 재부팅 중에 파일이 변경된 것을 알게 된다면 이미 늦은 것이다. 예를 들어 etc/ vfstab 파일의 마운팅 테이블 순서만 바꾸는 간단한 작업이라도, 재부팅 후 끝없는 NFS(Network File System) 장애를 유발한다.

마지막으로 필요에 따라 파일의 버전과 변경 사항을 관리하는 변경 관리 소프트웨어를 활용하여 관리하는 것도 좋다.

Rule4 예비 부품 정책을 세워라

가끔 유지 보수를 위해 하드웨어 부품을 N+1 정책에 따라 운영하는 경우가 있다. 그러나 모든 하드웨어 부품을 N+1 정책에 따라 운영하는 것은 효율적이지 않다. 하드웨어 N+1 정책은 비용 문제와 맞물리기 때문에 충분히 고민해야 한다. 이때 '예비 부품 정책을 어떻게 세우는 것이 좋을까'라는 고민이 생기는데, 다음 요소를 참고하면 도움이 될 것이다.

■ 가장 장애가 많이 발생하는 부품을 사전에 구비하라

이는 시스템 가용성의 시간에 가장 큰 영향을 미치는 것이다. 가상화 하드웨어의 구성요소 중에서 장애가 가장 많이 발생하는 부품을 시장 조사하거나 벤더에 미리 확인한다. 그 결과를 바탕으로 필요한 부품을 준비하면 불필요한 예비 부품을 구입할 필요가 없어, 비용 면에서 효율적이다. 또 장애가 자주 발생하는 하드웨어를 미리 구비하여 장애에 신속하게 대응할 수도 있다.

■ 공급에 시간이 많이 소요되거나 구하기 힘든 부품을 사전에 구비하라

일부 부품은 RMA(Return Merchandise Authorization)[7]를 진행하거나 발주를 하면 고객에게 공급될 때까지 예상 시간보다 오랜 시간이 걸린다. 그러나 이처럼 필요한 부품을 제때 공급받지 못하면 추가 장

7) RMA(Return Merchandise Authorization) : 일반적인 A/S와 유사한 개념. 하드디스크에 장애가 발생했을 때 유통사가 아닌 하드디스크 제조사로 물건을 보내 교환하는 방식

애로 발전할 가능성이 높다. 또 발주한 부품이 구하기 힘들거나 제품의 수명이 짧아 쉽게 단종되는 경우도 많다. 이처럼 구하기 힘들거나 단종될 가능성이 높은 제품은 미리 구매하여 장애 상황에 대비하는 것이 좋다.

■ 준비한 예비 부품을 테스트하라

예비 부품을 구매한 다음에는 해당 부품을 보관하다가 하드웨어의 장애가 발생했을 때 교체해야 한다. 그러나 장애가 발생하여 보관하던 예비 부품으로 교체했으나, 예비 부품에도 문제가 있어 하드웨어의 장애 시간이 더 늘어난 경우가 있었다. 이처럼 예비 부품을 미리 준비해도 사전에 정상 동작 여부를 점검하지 않으면 아무 소용이 없다. 예비 부품을 구비한 것이 무의미한 일이 되지 않도록 예비 부품을 미리 점검하여 정상적으로 동작하는지 확인해야 한다.

■ 예비 부품에 대한 접근과 보안을 유지하라

일반적으로 예비 부품은 시스템이 운영 중인 데이터센터에 보관한다. 그래서 데이터센터에 출입하는 인원을 적절히 통제하여 미리 준비한 예비 부품의 분실 위험을 관리해야 한다. 예비 부품은 말 그대로 문제가 생긴 하드웨어의 부품을 즉각 교체하기 위한 것이다. 만약 해당 부품이 없다면 '예비 부품'도 의미가 없어진다. 그래서 예비 부품도 자산 관리 목록에 포함하고 관리해야 한다.

■ 벤더와 모델을 단순화하라

여러 벤더의 모델로 시스템을 운영하면 여러 모델의 예비 부품을 구입하는데 높은 비용이 필요하고, 관리도 복잡해진다. 따라서 단일 벤더로 운영하거나 1~2개의 벤더로 운영하여 서로 다른 모델이라도 부품이 호환되는 범위 안에서 예비 부품을 준비하는 것이 좋다. 필요하고, 관리도 복잡해진다.

Rule 5
데이터센터의 전력 관리 정책을 세워라

최근 데이터센터 내의 그린 IT 전략이 활발하게 진행되고 있다. 가상화 환경도 1대의 호스트 서버에서 수십 대의 가상 머신이 운영되는 만큼 안정적인 전력 공급과 발열로 인한 냉각, 적정 온도 유지에 관심을 갖고 신경을 써야 한다. 가상화 환경에 무관심하면 데이터센터의 환경 문제에 따른 장애를 경험하게 될 것이다. 이처럼 아무리 안정적인 가상화를 구축해도 전력 공급에 문제가 생기면 시스템은 즉시 중단된다. 이때 모든 시스템이 클러스터Cluster 로 연결되거나 HA구성으로 이중화되어 있더라도 전력 공급에 문제가 생기면 시스템은 모두 중단된다. 그런데 시스템이 서로 다른 경로로 전력을 공급하면 전력 장애로 인해 시스템이 중지되는 문제를 예방할 수 있다. 데이터센터의 상위 전력에서 랙으로, 랙에서 호스트 서버로 공급되는 전력 흐름이 이중화되어 있으면 시스템을 더욱 안정적으로 운영할 수 있다. 이때 전력 공급을 이중화 구성하고도 호스트 서버와 랙의 PDU(Port Data Unit)에 전원 케이블을 연결할 때 이중화된 시스템을 같은 PDU에 연결하지 않아야 한다.

데이터센터 내에서는 정전에서 시스템을 보호하기 위해 백업 발전기나 UPS(Uninterruptible Power Supply, 무정전 전원 장치)를 사용한다. UPS는 정전이 발생했을 때 제한된 시간 동안 전원을 공급하는 백업 배터리이며, 백업 전원의 유지 시간이 길수록 UPS의 비용이 높아진다.

UPS의 작동 시간은 갑작스러운 전원 공급 중단으로 인해 시스템이 비정상적으로 중단되어 피해를 입는 것을 방지할 정도면 충분하다. 이때 시스템, 스토리지, 네트워크 기기들이 정상적으로 셧다운Shutdown 될 시간이 필요하다.

TIP

최근 데이터센터 내의 전력효율성 증가와 비용 절감을 위해 전력을 안정적으로 공급 · 조절하는 전원 공급 장치를 도입하는 사례가 증가하고 있다. 만약 매년 대규모 서버를 증설하는 대규모 환경이라면 전원 공급 장치의 도입을 검토하는 것을 추천한다.

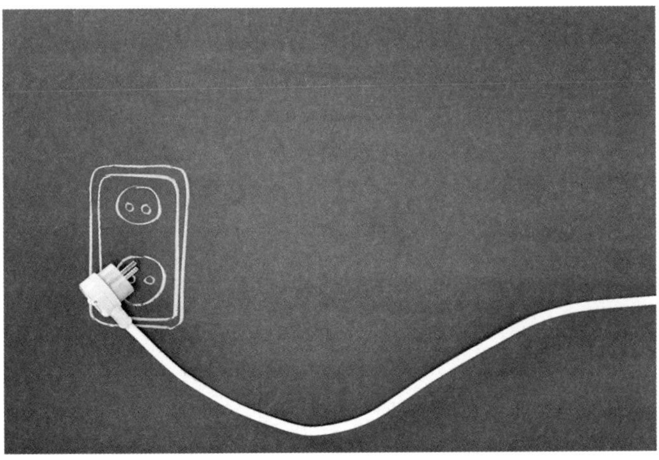

Rule 6 벤더와의 커뮤니케이션을 중요시하라

벤더와 IT 관리자의 관계는 IT 업무 상의 여러 관계 중에서 가장 중요한 것 중 하나이다. 벤더는 하드웨어, 소프트웨어를 기업에게 제공하는 판매자인 동시에 IT 서비스 제공자이다. 또 가상화 시스템 구축을 도울 수 있고 기업의 IT 담당자가 얻을 수 없는 세부 정보, 지식, 전문적인 기술을 제공한다. 벤더가 기업에게 제공하는 서비스나 업무의 범위가 제한적이지만, 벤더의 서비스는 기업에게 제품이나 서비스를 제공하기 전과 제공한 후로 구분할 수 있다. 기업의 IT 담당자 입장에서는 서비스를 제공받은 후가 더 중요하므로 이 부분을 중점적으로 설명할 것이다.

벤더는 문제가 발생한 하드웨어 교체를 위한 온사이트On-Site 서비스, 소프트웨어의 버그 해결, 관련 패치 제공, 장애 원인 분석 등 주로 문제 해결 과정에서 중요한 역할을 담당한다. 경우에 따라서는 신속한 문제 해결을 위해 벤더에서 에스컬레이션Escalation을 하는 경우가 있다 이때 기업의 IT 담당자는 벤더의 에스컬레이션 절차와 기업 담당 서비스 매니저를 잘 알고 있어야 한다. '이것이 어떻게 도움이 될 수 있을까'라고 생각할 수 있지만, 그건 잘못된 생각이다.

기업의 IT 담당자에게 에스컬레이션 피드백이 돌아오는 시간이나 벤더의 엔지니어 그룹에서 해결책을 제시하는 시간이 얼마나 걸리는지 궁금할 때, 에스컬레이션 후 피드백이 나쁘거나 원하는 방향으로 일이 풀리지 않을 때 누가 기업의 IT 담당자를 지원하며 누구에게 전화해야 할까? 바로 벤더의 기업 담당 서비스 매니저이다. 위의 악조건 속에서도 서비스 매니저는 여러분의 편에 서서 고민해줄 것이다. 벤더의 엔지니어가 일을 악화시키거나 업무에 소홀할 때 기업 담당 서비스 매니저는 여러분을 대신하여 불평하고 개선하기 위해 노력할 것이다. 그러나 모든 것이 에스컬레이션되는 것은 아니며, 에스컬레이션되었더라도 즉시 문제가 해결되는 것은 아니다. 경우에 따라 많은 시간이 필요할 수 있으니 유의해야 한다. 벤더와의 관계를 '갑과 을' 이라 의식하지 않고, 서로 신뢰성을 바탕으로 좋은 관계를 지속해야 한다.

TIP

필자의 경험을 바탕으로 벤더와의 관계에 대해 몇 가지 조언을 하자면, 첫 번째 벤더와 파트너가 되어라. 벤더를 여러분의 적이나 경쟁자가 아니라, 친구나 파트너로 인식하고 접근하는 것이 좋다. 벤더랑 사이가 좋으면 벤더의 서비스와 리소스를 더 많이 얻을 수 있다.

두 번째 모든 상황을 위기 상황처럼 이야기하지 마라. 도움이 필요해서 전화를 할 때마다 위기 상황으로 인식하여 벤더를 재촉한다면 진짜 위기 상황이 발생했을 때는 위기 상황이라 인식하지 못할 수 있다. 그래서 현재 상황이 사소한 상황인지, 위기 상황인지 구별하여 전달해야 한다.

세 번째 필요한 정보와 피드백을 제공하라. 벤더가 여러분에게 질문하거나 추가 정보를 요청한다면 이에 대한 정보를 전달해야 한다. 벤더는 여러분의 고민과 문제를 해결하기 위해 정보가 필요하다. 이때 여러분이 적합한 정보를 주느냐, 아니냐에 따라 벤더가 제공하는 리소스와 정보의 질이 달라진다. 때에 따라 여러분의 질문과 요청사항을 무시하는 무능력한 벤더도 있을 수 있다. 만약 벤더의 지원이 만족스럽지 않다면 벤더의 영업팀에 알려야 한다. 반대로 만족스러운 경우에도 알려주는 것이 좋다. 이처럼 담당자가 무능력하거나 만족스러운 지원을 하지 않는다면, 담당 벤더의 교체를 요구할 권리가 있다.

Rule 7
적합한 벤더를 선택하라

현재 IT 시장에서 기업을 대상으로 서버 가상화 솔루션과 서비스를 제공하는 회사가 많다. VM 웨어, 시트릭스, 마이크로소프트 등의 서버 가상화 소프트웨어를 제공하는 벤더뿐만 아니라 아이비엠IBM, 에이치피HP와 같이 하드웨어를 제조하는 벤더도 가상화 솔루션과 서비스를 제공한다. 최근에는 시스코에서도 가상화를 위한 솔루션을 제조하여 판매하고 있다. 이처럼 수많은 가상화 벤더가 경쟁하고 있는데, 과연 이 중에서 어떤 벤더를, 어떻게 선택해야 할까?

■ 벤더 간의 경쟁을 유도하라

IT 시장에는 여러 서버 가상화 벤더가 존재하고, 각 벤더가 보유한 기술과 비즈니스 접근성은 조금씩 차이가 있다. 처음부터 한 곳의 벤더를 선택하지 않고, 여러 벤더의 이야기를 듣는 것을 권장한다. 라이벌(경쟁) 벤더와의 상담을 통해 경쟁사 벤더가 말하지 않거나 숨기는 정보(자사 솔루션의 단점, 최근 이슈가 되고 있는 문제점, 기존 고객들의 불만 등)를 얻을 수 있다. 이 정보는 기업의 IT관리자나 경영진이 벤더를 결정하는데 큰 도움을 줄 수 있다. 이 밖에도 벤더 간의 경쟁을 통해 도입할 솔루션의 가격도 조정할 수 있을 것이다.

■ 벤치마킹 테스트를 진행하라

도입할 솔루션을 최종 확정하기 전에 반드시 테스트를 해야 한다. 테스트를 통해 가상화 도입 후 발생할 수 있는 문제점과 해당 솔루션에 대한 의문점을 해소할 수 있기 때문이다. 테스트를 진행할 때에는 기업의 개발 환경보다는 실제 프로덕션 환경에서 테스트를 진행하는 것이 좋다. 가끔 솔루션 도입 전에 테스트한 결과와 솔루션 도입 후가 다르다고 불만을 표현하는 IT 담당자가 있다. 이것은 실제 프로덕션 환경에서 테스트하지 않고 개발 환경에서 테스트를 진행해서 나타나는 결과이다. 이처럼 실제 가상화를 도입할 때 테스트 환경과 실제 환경이 달라 당황하거나 문제 해결에 많은 시간이 소요될 수 있다.

■ 다중 플랫폼, 필요한 게스트 OS의 지원 여부를 검토하라

해당 가상화 솔루션이 여러분의 IT 환경에서 사용하는 다중 OS 환경을 충분히 지원하는지도 고려해야 한다. 최근에는 많은 기업이 다중 플랫폼을 지원한다. 다중 플랫폼을 지원하는 것은 그 만큼 OS 선택의 폭이 넓어지는 것을 의미한다.

■ 솔루션의 안정성과 시장의 평가에 주목하라

해당 솔루션이 시장에서 안정적인 평가를 받고 있는지, 문제가 발생했을 때 이를 개선하기 위한 패치나 업데이트 버전이 얼마나 빨리 발표되는지, 새로운 솔루션이 몇 년 단위로 발표되는지 고려해야 한다. 솔루션에 버그가 발생했는데 패치나 업데이트가 일년에 12번 밖에 없다면, 이를 해결하기 위해서는 길게는 1년 이상을 기다려야 하는 경우가 발생할 수 있다. 이는 여러분의 가상화 IT 인프라 환경이 언제든 문제가 발생할 수 있는, 잠재적인 위험성을 안고 있는 셈이다. 또 방금 솔루션을 도입했는데 3개월도 안되어 새 버전이 발표된다면, 새로운 버전으로의 업그레이드를 반드시 고려해야 한다. 이것은 비슷한 프로젝트의 반복으로 이어질 수 있다. 추가로 해당 솔루션이 IT 시장에서 어떤 평가를 받고 있는지 확인할 필요가 있다. 시장의 객관적인 평가는 여러분의 IT 환경에 적합한 모델인지 파악할 수 있는 기회를 제공한다.

■ 벤더의 파트너를 확인하라

최근 여러 벤더는 다양한 파트너와 함께 IT 서비스를 제공한다. 이때 아무리 유능한 벤더라도 벤더의 파트너가 무능력하거나 부실할 경우 그 피해는 기업 고객이 받는다. 반대의 경우도 마찬가지이다. 벤더와 파트너 사이에 문제가 발생했을 때 서로에게 책임을 떠넘기지 않는지 등 벤더와 파트너의 관계에 관심을 갖고, 해당 벤더와 파트너가 문제없이 IT 서비스를 제공할 수 있는지 확인해야 한다.

■ 기타 사항을 점검하라

위에 설명한 부분 외에도 벤더의 시장 점유율, 규모, 향후 기술 전략, 기술 지원 서비스, 가격, 라이선스 정책 등을 꼼꼼히 점검해야 한다.

Rule 8 가상화 인력 육성에 투자하라

모 기업의 부장은 가상화 도입 후 내부적으로 가상화 전문 인력을 육성하지 않고 외부에서 가상화 인력을 채용하려 했다. 그 결과(해당 기업 내부의 환경적인 요소가 있을 수 있겠지만) 1년 가까이 가상화 인력을 채용하는데 실패했다. 게다가 그 동안 IT 부서의 시스템 관리자를 대상으로 가상화 교육의 기회를 제공하지 않았다. 결국 기존 시스템 관리자의 업무 부담감이 증가했고, 동기 부여를 저하시켜 가상화 담당 조직 운영에 어려움을 겪었다. 이처럼 내부 인력을 대상으로 가상화 교육을 제공하지 않고, 외부에서만 해결책을 찾으려고 한다면 결국 가상화 운영은 실패하게 된다.

그래서 시스템 관리자들이 새로운 환경에 빠르게 적응하여 성장할 수 있도록 가상화에 대한 교육의 기회를 제공해야 한다. 또 내부 기술 세미나 등을 통해 성장할 수 있도록 내부 인력 육성에 투자해야 한다. 아무리 가상화 시스템이 완벽하게 구축되어도 이 시스템을 운영할 인력이 부족하다면, 이것은 절반의 성공일 뿐이다. 어떤 일이든 사람이 가장 중요함을 깨달아야 한다. 그래서 기업의 환경에 따라 내부 인력을 육성하는 것이 최선책임을 명심하고 인재 육성에 아낌없이 투자해야 한다.

Index

Index

ㅅ

ㅈ

ㅊ

ㅋ

ㅎ

A~Z